イタリアンを越えた発想とテクニック
アロマフレスカのイタリア料理

はじめに

　この本では、「アロマフレスカ」で提供している料理のなかから、72品を選んで紹介しました。私にとっては愛着のある料理ばかりで、誕生した時のこともよく憶えています。
　まだ店をオープンする前、どこにもないアナゴのスペシャリテを作りたいと、焼いたり蒸したり、トマトソースを工夫したりと、自宅で試行錯誤を繰り返して完成させた「穴子の香草蒸し、フレッシュトマトの香り」。
　偶然手に入った大量のバイマックルー（コブミカンの葉）を何かデザートに使えないかと、ホワイトチョコレートとジェラートにし、それがたまたま別件で作っていたコーヒーゼリーと驚くほど相性がよいことを発見し、組み合わせてひと皿に仕上げた「珈琲のクラッシュゼリーとバイマックルーのジェラート」。
　15年間ずっと作り続けてきた料理もあれば、少しずつ手を加えて磨き上げてきた料理も、最近新しくメニューに加わった料理もあります。

　いずれにしても私の料理は"素材ありき"です。この素材のこの部分をこう味わってほしい――素材を前にして頭の中には明確なイメージがあり、そこに向かってさまざまな要素を集約していきます。下処理はどうするか、火入れの加減は、味の組み立ては、仕上げは…と。本書でもそのあたりを意識的に解説したつもりです。
　若いスタッフにも、なぜそうするのか、なぜそうしないのか、私は説明を求めます。自分がどうしたいかを説明できなければ、お客さまにも伝わらないと思うからです。言葉に出すことで思考が整理され、やるべきことが見えてくることもあります。どんなセクションにいても、自分がしていることの理由づけをきちんと説明できるようになるべきでしょう。
　もちろん、大前提は"素材を知ること"です。料理というのはこつこつした仕事だと思います。魚をおろしたり鶏をさばいたり野菜を刻んだり、毎日毎日、食材を肌で感じ、数をこなしてこそ、見ただけ、触っただけで素材の状態がわかるようになるのです。そうして1歩1歩積み上げたものが本当の実力として身につきます。うわべだけの生半可な知識やセンスだけでは長くやり通すことはできない。私は自信をもってそう伝えたいです。

　掲載したレシピは、厳密に言えば、そこで使われている素材のレシピです。素材の状態が異なり、身質や水分量が違えば、おのずとレシピは変わってきます。また、厨房の設備やレイアウト、客席までの動線、客席数、スタッフの人数等々、すべてを考え合わせた上に成立しているのが、現在のアロマフレスカのレシピです。日々少しずつ変わる条件のもとで、どうすればこの素材の魅力を最大限に引き出せるか、最高の香りを客席にとどけられるか、常に新たな気持ちで取り組んでいる課題といってもいいでしょう。本書の一端が少しでも読者の皆さまのお役に立てば幸いです。

　最後になりましたが、この本を作るために協力をしてくれたわが店のスタッフ、撮影、デザイン、編集を担当してくださった制作スタッフの皆さまに、心から感謝申し上げます。

2013年8月
原田慎次

目次

はじめに……03
アロマフレスカと私……08
本書の料理解説について……16

第Ⅰ章 魚料理……17

穴子の香草蒸し、フレッシュトマトの香り……18, 122
あおりいかのカルパッチョ仕立て……20, 122
子持ちやりいかの炭火焼き、菜園風……21, 123
ほたるいかとホワイトアスパラガスのグラタン仕立て……22, 123
四万十川産鮎の炭火焼き、アロマフレスカ風……24, 124
赤座海老のクルード……26, 125
オマールの温製インサラータ、レモングラスとヘーゼルナッツ風味……28, 125
子持ち鮎とだだ茶豆、水菜のリゾット……29, 126
焼きタラバ蟹のサラダ仕立て、アロマフレスカ風……30, 126
上海蟹のスープとフォワグラのフラン……31, 127
かわはぎのカルパッチョ仕立て……32, 127
戻り鰹のカルパッチョ、フレッシュトマト風味……33, 128
とり貝の炙りとジロール、あおさ海苔のズッパ……34, 128
鮑とポルチーニの冷たいスープ……35, 129
しゃこと地蛸、黒大根のアグロドルチェ……40, 129
蛸のリゾピラフ……41, 130
赤座海老のリゾピラフ……42, 130
かすべと黄にらのタリオリーニ、からすみ添え……44, 131
のどぐろの天火焼き、たで風味……56, 134
石鯛のポワレ、花ズッキーニ添え……58, 135
甘鯛のうろこ焼き、香草風味……60, 135
おこぜのポワレ、夏ポルチーニ添え……62, 136
くえの炭火焼き、石川いも添え、パッシート風味……63, 136
平鱸のアル・サーレと早春の野菜……64, 137
きんきの海藻ココット蒸し……66, 138
真鱈白子のフライパン焼き、からすみとラディッキオ添え……68, 138

《コラム1》
魚介の隠し技……36
あおりいか……36／しゃこ……37／とり貝……38／蛸……39

《コラム2》
魚介のココット焼き……46
魚介のココット焼きの基本プロセス……47, 48
真鯛と地蛤、菜の花のココット焼き……50, 131
真鱈白子と帆立と地蛤、かぶのココット焼き……51, 132
鮎魚女と地蛤、ホワイトアスパラガスのココット焼き……52, 132
めぬけと地蛤、2種のキャベツのココット焼き……53, 133
太刀魚と地蛤、きのこのココット焼き……54, 133
のどぐろと地蛤、枝豆と黒大根のココット焼き……55, 134

第Ⅱ章　肉料理……69

和牛のビステッカ、アロマフレスカスタイル……70, 139
　　アロマフレスカ流　ビステッカの極意……72
ほろほろ鳥のラグーとポルチーニのガルガネッリ……73, 139
仔うさぎと新ごぼう、ルーコラのタリアテッレ……74, 140
和牛しっぽとふきのとうのピーチ……75, 141
桜肉のカルパッチョ仕立て、プンタレッラ添え……76, 141
仔山羊のスパイス塩ロースト、新ゆり根とフォンティーナ、秋トリュフ風味……77, 142
うずらの炙り焼き、黒トリュフと花椒風味……78, 142
バスク仔豚のヴァリエーション……80, 143
窒息鳩の炙り焼き、花にらと夏トリュフ風味……82, 144
仔うさぎの香草ロースト、狩猟風内臓ソース……84, 145
蝦夷鹿のロースト、冬のきのこ添え……86, 146
猪のロースト、ジロール、トランペット、辛味大根と秋トリュフ……87, 146
シャラン鴨のロースト、ごぼう風味、アンディーヴ添え……88, 147

第Ⅲ章　野菜料理……89

ホワイトアスパラガスのフリット、サルサ・バニェット添え……90, 148

春の香りのスープ……91, 148

空豆のスフレ風オムレツ……92, 148

白トリュフ卵の目玉焼き……93, 149

フレッシュポルチーニの炭火焼き……102, 149

リコッタのニョッキ……104, 150

赤茄子と海胆のカペッリーニ……108, 151

《コラム3》
野菜のココット焼き……94
- 野菜のココット焼きの基本プロセス……95
- ズッキーニのココット焼き……96
- 白菜のココット焼き……96
- 赤茄子のココット焼き……97
- とうもろこしのココット焼き、フォワグラと花椒風味……98
- 新玉ねぎのココット焼き……99
- カリフラワーのココット焼き……100
- 安納いものココット焼き、フロマージュ・ブランとアニス風味……101
- ［一覧表］野菜のココット焼きいろいろ……162

《コラム4》
旬の野菜のアーリオ・オーリオ……106
- 田芹のスパゲッティ、アーリオ・オーリオ……106, 150
- たけのこのスパゲッティ、アーリオ・オーリオ……106, 150
- カルチョフィのスパゲッティ、ラルド添え……107 , 151
- 松茸のスパゲッティ、アーリオ・オーリオ……107, 151

第Ⅳ章　ドルチェ……109

　　白桃のコンポート、アールグレイとミントのジュレ……110, 152
　　栗のオーブン焼き、ココナッツのジェラート添え……111, 152
　　無花果のスパイスシロップ煮、ライチのジェラート添え……112, 153
　　巨峰のジェラート、デラウェアとモスカートのジュレ……113, 154
　　林檎のミルフィーユ仕立て……114, 154
　　珈琲のクラッシュゼリーとバイマックルーのジェラート……115, 155
　　フォンダン・ショコラと白トリュフのジェラート……116, 156
　　苺のスープ仕立てと綿あめ……117, 157
　　黒トリュフのスフレ……118, 158
　　　アロマフレスカ流　失敗しないスフレの技……119

《コラム5》
味に深みを、香りに変化を
料理をささえる　小さな脇役たち……120

料理解説……121
補足のレシピ……160
ブロード／ソース／自家製加工品／材料の下処理
シェフの仕入れ帳……163
主要素材別　料理索引……164
著者プロフィール……168

撮影／天方晴子　デザイン／飯塚文子　編集／河合寛子、網本祐子

アロマフレスカと私

アロマフレスカの料理——
しなやかに、緻密に

　私がシェフを務めるリストランテ「アロマフレスカ」。この店名は、「爽やかで涼しさのある香り」を意味するイタリア語のアレンジです。香りは、私の大切な料理のメッセージ。料理のおいしさは、味とともに香りが重要な役割を担っています。

　香りを料理に生かすことは簡単なようで、実はなかなかにデリケートです。素材をどう切るか、どこまで繊維をつぶすか、どう混ぜるか、どんな向きでどのように火にあてるか、そしてタイミングは……。こんなちょっとした違いで、香りの発し方はまったく変わってくるのです。温度にしても、熱すぎたり冷たすぎたりは香りが立ちにくい。最も香りを感じるのはほどよい温かさや冷たさで、それも料理ごとに適正温度は変わってきます。完成品を保温するヒートランプも、材料によっては香りを劣化させることがあり、気が抜けません。

　香りは本当に繊細なもので、調理には相応の「緻密さ」が求められます。営業中のレストランの調理場はいろいろな仕事を同時

にこなさなければならない時間との闘いの場で、注意が散漫になりがちななか、緻密にやりこなすのは大変なことです。でも、頑張って、それに徹しているのが「アロマフレスカ」の料理だと思っています。

　私の仕事のなかではタイムスケジュールも徹底しています。仕込みをどこまですませ、お客さまが来店したらどの段階で味つけし、いつ火を入れ始めるか。なかにはできたてをすぐに食べていただけなければ台無しになるような、きわどいタイミングのものもあります。お出しした時にお客さまが何かの事情で席をはずされていることも、まれにあります。そんな場合は、席に戻られてからもう一度作り直すのです。

「アロマフレスカ」の献立は2種類のおまかせコースのみ。しかし、どちらを選択するかは1卓で統一していただくことをお願いしています。コースの数を絞り込むことで完成度を高め、そのぶん、1つのコースには12種類前後の料理を揃えて存分に楽しめる内容にしているのです。また、予約時間や人数の設定も万全を期してのもの。全7卓の客席分の料理がスムーズに回るよう、食事のスタート時間はお客さまの意向をうかがいながらも集中しないように時

間差を設け、1卓は1名から多くても6名までに収めています。パーティ料理はまた別ですが、通常営業ではこれが料理の質を維持するための限界点なのです。

自由な素材使い──
だからこそ、徹底的に向き合う

「アロマフレスカ」はイタリア料理のリストランテですが、お出ししているのはイタリアで代々受け継がれている伝統料理とはタイプを異にします。バックグラウンドには伝統的な調理法や食材使いがあったりしますが、皿の上にあるのは、イタリアにも日本のどこにもない、ここでしか出会うことのない独自の料理と自負しています。

イタリア料理としての拠りどころは、オリーブ油やバター、チーズ、塩、ハーブ&スパイス、ワイン、ブロードなどのベーシックな調味。魚介や肉、野菜、フルーツにはイタリアならではのものやイタリア・日本に共通してあるものだけでなく、日本独特の素材や品種を積極的に取り入れています。アユ、タラの白子、ズワイガニ、タラバガニ、ホタルイカなどは好んでよく使うもの。ほかにもシャコ、トリ貝、シジミ、タケノコ、山菜、薬味野菜と挙げればきりがありません。また白身魚の中でも、ノドグロ、アマダイ、アイナメ、エボダイなど、イタリアの海には生息しない（あるいはほとんど使われていない）けれど、私たち日本人に身近なものは日常的に使っています。日本の誇る「美味」を、日本で発信するイタリア料理に使わない手はありません。すぐれた素材の多くは、どんなジャンルの料理にも自然と馴染みます。15年前に「アロマフレスカ」を立ち上げた当初から、素材使いにはまったくフリーな発想で取り組んできました。

伝統的に決まっているから使うのではなく、あえてこれを使うという意思がそこにはあるので、素材とは徹底的に向き合います。この素材のどの側面を生かし、どんなおいしさを伝えるか──。的を絞り、そのために必要な味つけ、下ごしらえ、火入れ、相性のよい副菜の組み合わせを突きつめていきます。ですから、私の料理には、なぜこうするのかという理由づけがはっきりしています。素材のココを味わってほしいというピンポイントの表現に、「アロマフレスカ」の料理のおいしさがあると思っています。

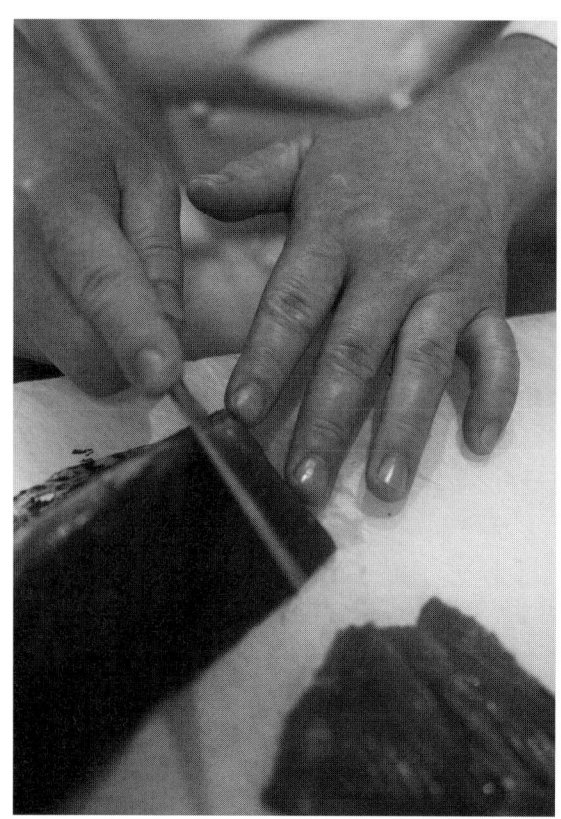

プロフェッショナルとは──
昨日と今日の素材の変化に気づく意識の高さ

　料理人にとって一番大事な資質は何かと問われれば、私は「日々の素材の違いが見極められる目」と答えます。同じ素材が時期により、産地により違うことは簡単にわかっても、昨日と今日の違いを感じ取るには、経験と意識の高さが必要です。このわずかな違いがわかる人こそが、本物のプロフェッショナルといえるのではないかと思います。

　違いがわかれば、新しい料理に発展させることができるかもしれない。逆に同じ料理を作り続けるには、いつもの仕事ではいけないことに気づくはずです。その日の状態によってできることと、できないことがある。同じ料理を作っていながら、調理は同じことの繰り返しではないのです。高い意識で素材を見る目を持っていなければ、本当の意味で素材を生かすことにはなりません。

　私自身、素材を見る力は子ども時代の川遊びで養われたと思っています。実家や親戚の家の近くにある川に潜っては、あらゆる川魚を捕るのが放課後や休日の日課でした。捕りたてを川原です

ぐに焼いて食べることも多かったし、家に持ち帰って夕飯のおかずにもしました。いつ、どこで、どうやって捕るか。どう焼けばおいしいか。子どもながらいっぱしの漁師のようなもので、実際、毎日の積み重ねでワザが磨かれました。アユ、イワナ、ヤマメ、ウナギ、それからナマズなどもよく捕ったものです。こういう生活のなかで食材の旬のおいしさを知り、日々の魚の違い、エサや川の環境について、身をもって学ぶことができました。

　もともと食に対する好奇心は旺盛でしたから、魚に限らず、木の実でも野草でも、「食べられる」と言われたものはすべて口にしていた少年時代でしたね。それが素材の引き出しを増やすことにつながったのだろうと思います。

　そして後年、私が素材を知るための勉強の場としたのは名店の食卓でした。シェフになった当初は、よその店に気を取られずに自分の道を邁進すればいいという考え方だったのですが、ある時、それでは自分の立ち位置がわからないことに気づいたのです。一流の素材、一流の味を知らなければ、自分の方向性が見いだせない。最高のものを知ることで目指すものが見えてくるはずだと考えました。

　食べ歩きを始めたのはかれこれ8年ほど前から。業種を問わず、とくに気に入った店には何度も足を運んできました。鮨、天ぷら、うなぎ、割烹、鮎専門店、フレンチ、中華……。異なるジャンルでこそ学ぶことが多いのです。一級品の素材とはどんなものか、どう扱っているのか。その道のプロの仕事には考え抜かれた技がありました。包丁使い、酢の締め方、揚げ方、焼き方などなど、カウンター越しに拝見し、時には店主から話を聞くこともします。なぜそうするのか、自分のイタリア料理にどう生かせるかを考え、吸収できることは取り入れます。超がつくほどの一級品の素材に手が届かなくても、その味にどう近づけるかを考えるだけでも大きな蓄積になったと思います。

火入れのテクニック──
素材の状態から日々、最適な方法を探す

　料理には計り知れない可能性があるものです。たとえば「焼く」「揚げる」という調理法でも、火のあて方、油脂の使い方、やすませ方、時間配分等々で仕上がりはいかようにも変わります。正解はひとつではありません。

　天ぷらを食べ歩いた時に気づいたことがありました。衣の違いもありますが、揚げ方、つまり野菜の水分の抜き方に店ごとのポリシーがあるのです。たとえばアスパラガスをさっと1分間ほどで

揚げ、ジューシー感を残した軽い揚げ上がりにしている店がある一方、じっくり3分間くらいかけて水分をよく抜き、味の凝縮感を追求している店がある。風味の表現方法の違いで、それぞれに卓越したおいしさがあるのです。好みで使い分けるのもよし、イタリア料理のフリットに当てはめれば、ソースや副菜、前後の皿との関係で使い分けることができると思ったものです。

　本書では、焼いた魚や肉がたくさん登場します。しかし、焼き方はひと通りではありません。フライパンや鍋にじかにのせて焼く、フライパンに金網をおいた上で焼く、炭火で焼く、サラマンダーで焼く、ココット鍋で蒸し焼きにするなど。魚や肉の種類による使い分けだけでなく、時期や大きさによって適した方法を選び出しています。

　そのなかで私の火入れの特徴を挙げるなら、たとえば魚のポワレ（フライパン焼き）と呼べるものでも、皮の下の脂を焼ききるように皮目をカリカリに焼くものもあれば、その脂をあえて残すためにふっくらと焼き上げているものもあります。ポワレといえば皮目を焼きつける方法が一般化しているとはいえ、通り一遍の焼き方では1尾1尾で異なる魚の特性、おいしさが生かしきれないことに気づいたのです。

　また、フライパンの中の熱い油脂を素材にかけながら焼く、フランス料理の「アロゼ」を多用するのも私の料理。形が入り組んで焼けにくい面、厚みがあって火入れに時間のかかる部分にも火が入りやすく、またフライパンに当てて焼くのとは違って皮が破れたり、焦げたりということもありません。やさしく、短時間で効率よく火を入れられるところによさがあります。私の中では、油脂分をカバーする補助的な調理ではなく、「焼く」と「揚げる」の中間を狙った加熱法と捉えています。素材によっては、ほぼアロゼの工程で火を入れている料理もあるほどです。

　こうした調理法は、経験を重ねながら少しずつ体得してきました。昔と変わらぬ料理のようでいて、少しずつモデルチェンジを繰り返しているものもあります。オーナーシェフとなって15年。以前は、技術とはいずれ到達点にたどり着くものだろうという気がしていましたが、ここに来て、まだ変化し続ける自分を感じながら、そうあるべきだという思いも増してきました。実は、食べ歩いた名店の主人たちから学んだのは、調理の技術だけではありません。年齢を重ねてもいろいろな工夫、挑戦を続けるその姿勢です。現状に満足せず、答えはひとつと決めず、どう調理すればもっとよくなるか、一途に素材に打ち込む前向きな姿に、とてつもない刺激を受けました。素材を前に自問自答しながら、進化していくための情熱を持ち続けていたいと思います。

本書の料理解説について

▶カラーページの →P.000 は、料理解説のページを指す。
▶分量、調理時間、焼成温度などは目安。
▶各種ブロード、スーゴ・ディ・カルネ、トマトソースの作り方は、
　補足のレシピのページ（P.160〜）で解説。
▶大さじ1杯は15 cc、小さじ1杯は5 cc。
▶基本材料については以下の通り。

・揚げ油⇒サラダ油。
・アンチョビ⇒油漬けのフィレ。
・E.V. オリーブ油⇒エクストラ・ヴァージン・オリーブ油。
　リグーリア州、トスカーナ州、カラブリア州、シチリア州産を料理によって使い分け。
・ケイパー⇒塩漬け品。水洗いして表面の塩分を除き、
　水に3〜4時間浸けてから水気を絞って使う。
・コショウ⇒細かく挽いた白コショウ。黒の場合は黒コショウと表記。
・コーンフラワー⇒国産の挽きの細かいトウモロコシ粉。粗挽きのポレンタ粉とは異なる。
・スパイス類⇒特筆していない場合はドライ。緑粒コショウもドライを使用。
・精製ラード⇒精製したペースト状の豚の脂。
・00粉⇒イタリア産の軟質小麦粉のうち、最も精白度の高いタイプ。
・卵⇒全卵（殻付き）1個68ｇ（卵黄20ｇ、卵白40ｇ）。
・生クリーム⇒乳脂肪分42％。
・ニンニク⇒特筆していない場合は皮をむいて使用。
・ハーブ、キノコ類⇒「ドライ」と特筆していない場合はフレッシュ。ローリエもフレッシュを使用。
・バター⇒食塩不使用。
・パルミジャーノ⇒パルミジャーノ・レッジャーノ。
　特筆していない場合はすりおろしたものを使用。その他のチーズも同様。

第Ⅰ章

pesci
魚料理

穴子の香草蒸し、フレッシュトマトの香り
Grongo al vapore
→ P.122

ディルとローリエのやさしい香りをまとわせた蒸しアナゴ。
熱いアナゴにフレッシュトマトの冷たいソースを取り合わせ、
人肌の温度に下げてフレーバーを開かせる。
香りと旨みのアクセントに花椒とラルドを添えて。

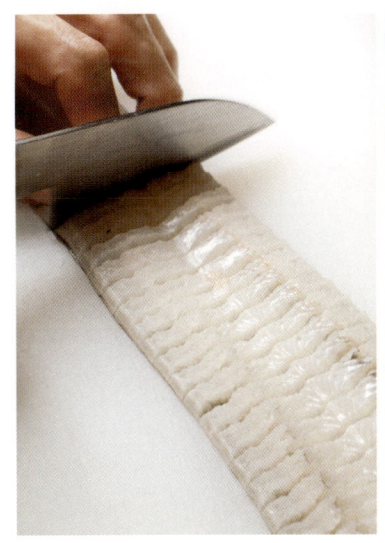  

▶アナゴをふんわり蒸すための骨切り

大ぶりのアナゴは骨の固さが気になるので骨切りが必須。100ｇ前後の小ぶりのアナゴなら必ずしも必要ではない。

アナゴはふっくらと蒸し上げてこそおいしいので、骨切りの間隔は狭くしすぎないこと。水分が抜けてパサついた印象になる。

香草蒸しにはアナゴの風味を消さないやさしい風味のハーブを使う。ここでは皮目にディル、身にローリエを添えて蒸した。

あおりいかのカルパッチョ仕立て
Carpaccio di calamaro
→P.122

旨みや甘みの強いアオリイカは生で食べてこそ真価の出る素材。
味わいを引き出すために身の厚みを生かした切り身にし、
マイクロリーフや甘酸っぱいヴィネグレット風ソースを組み合わせた。

子持ちやりいかの炭火焼き、菜園風
Calamaro alla brace
→ P.123

ニンニク、アンチョビ、黒オリーブで炒めるヤリイカのソテーを分解し、個々に下調理をしてから組み立てたサラダ仕立て。子持ちのヤリイカを子と内臓とともに丸ごとで調理し、とろりとした子の持ち味を生かす。

ほたるいかとホワイトアスパラガスのグラタン仕立て
Calamaretti gratinati
→P.123

ホタルイカのソテーにホワイトアスパラガスのピュレを組み合わせたグラタン仕立て。
2つは春に旬を迎え、甘苦い風味が共通項。
アクセントにホタルイカとイカ墨入りのリゾットをディスク状の素揚げにして添えた。

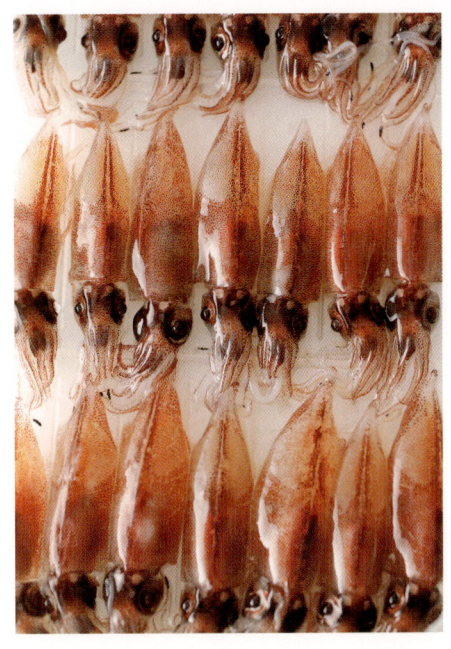

▶ 十分な加熱と柔らかな仕上がりのせめぎ合い

ホタルイカはとりわけ鮮度がいのち。加熱した時の味と食感に大きくかかわってくる。

ホタルイカのおいしさはプリッとした身の歯ごたえと、とろりとした内臓の旨みにあり、火を通してもふっくらした柔らかさを保っていることが重要だ。

内臓には十分な加熱が義務づけられているが、火の入れすぎは固くなるだけなので、どこまで火を通すとよいか、限界を見極める目にかかっている。ことのほか慎重さが求められる。

四万十川産鮎の炭火焼き、アロマフレスカ風

"AYU" alla brace con cetrioli e legumi
→ P.124

頭付きで丸ごと炭火焼きにした香ばしい天然アユ。
皮をカリッと焼きつつも水分をあまり飛ばさず、
ふっくらとした口当たりのなかに旨みを感じる仕上がりに。
アユと共通する苦みや青い香りを持つクレソン、エンドウ豆、
加賀太キュウリなどを合わせて爽やかな皿に仕立てた。

▶炭火焼きは50gのアユ

アユは成育地の川によって風味、形、大きさ、骨の固さなどに個性が出る。よく使うのは高知・四万十川と島根・高津川産で、四万十川産は骨の旨みと香り、高津川産は骨の柔らかさと繊細な風味が気に入っている。

稚アユの味わいも格別だが、成魚になりコケを食べることでアユならではの風味が際立ってくる。骨も一緒に食べるなら45～65gが理想だ。とりわけ50gが私の好み。

▶串を45度に傾けて頭をしっかり焼く

頭も柔らかく食べられるように、アユの頭を下に向けて串を約45度に傾け、頭部を重点的に20分間ほどで焼き上げる。

アユの頭を下にして焼くと身の脂と内臓の風味が頭に流れ、香ばしさが増す。

焼け具合を見ながら炭火からの距離や串の角度を調整することも必須の作業。最上のおいしさを求めるにはつきっきりで丁寧に焼くことにつきる。

赤座海老のクルード
Scampo crudo
→ P.125

殻の面のみ高温で焼き、香ばしさと身の甘みを引き出した
アカザエビの冷製。煙が出るまで熱したフライパンで
20〜30秒間、殻を乾煎りする感覚で火を入れる。
活けのなかでもとくに鮮度のよいアカザエビが前提の料理。

▶ 鮮度、鮮度、鮮度のアカザエビ

日本のアカザエビは身が引き締まり、旨みも濃いすぐれた素材。産地ごとに色や大きさ、風味に若干の違いがあり、よく使っているのは神奈川・佐島や千葉・竹岡産の160～180ｇクラス。

鮮度がよければミソの質がよいので、調理に利用するとコクが加わり断然おいしいものになる。氷詰めで保管して、翌日までに使いきる。

オマールの温製インサラータ、
レモングラスとヘーゼルナッツ風味
Insalata d'astice alla citronella e nocciola
→ P.125

肉厚でボリュームのあるオマールを蒸し、
プリプリした歯ごたえを楽しむ温製サラダ。
オマールのミソと頭から出るだしを利用した旨みの
濃い2種類のソースを添え、オマールを味わいつくす。

子持ち鮎とだだ茶豆、水菜のリゾット
Risotto con "AYU"
→ P.126

真子のコクが加わった子持ちアユをリゾットで楽しむ。
青い香りを持つアユに合わせた具材は青い風味のエダ豆。
歯切れのよいミズナを食感のアクセントに添えて。

焼きタラバ蟹のサラダ仕立て、アロマフレスカ風
Insalata di granchio alla "Aroma Fresca"
→ P.126

香ばしい殻にみずみずしいカニ肉が詰まった「焼き蟹」のイメージで仕立てたカニのサラダ。焼きたての温かいタラバガニにキュウリとグレープフルーツを合わせ、オリーブ油とドレッシングで調味。

▶ 油でコーティングして強火で焼く

カニ肉にオリーブ油をまぶして焼くと表面がコーティングされるため、水分が飛びにくくしっとりした食感を残せる。

焼く際は炭火を強くおこし、短時間で。カニのエキスが吹きこぼれず、水分を保ったジューシーな味わいになる。芯は温まっているがレアな状態がベストで、焼きすぎに注意。

焼き上げた後も殻をはずしてカニ肉に再度E.V.オリーブ油をかけ、手で軽くほぐして油をしみ込ませ、カニのエキスと乳化させる。

上海蟹のスープとフォワグラのフラン
Zuppa gialla
→ P.127

上海ガニを殻、カニ肉、カニミソごと煮出し、旨みと香りを丸ごと楽しむ温製スープ。なめらかなフォワグラのフランを浮き実に、サンブーカ風味のショウガを隠し味に添えた。

▶殻の香ばしさは不要

上海ガニはオスとメスで風味が異なり、好みが分かれるが、このスープ料理は内子やカニミソの影響か、メスのほうがきれいなオレンジ色に仕上がる。

身を楽しむ料理なら200g以上の大型がよいが、スープは小型でも十分においしい。

カニの殻は炒めすぎないことがポイント。香ばしさは上海ガニ独特の旨みや香りを消してしまう。

かわはぎのカルパッチョ仕立て
Carpaccio di "KAWAHAGI"
→ P.127

活きのよいカワハギで作るカルパッチョ。
旨みのあるカワハギの肝をアユの魚醤で調味し、
なめらかなソースにして添えた。
泡はスダチ果汁で作った酸味のアクセント。

▶ 朝締めのカワハギをその日のうちに

カワハギは朝に締めたものを当日中に調理して活きのよさを味わう魚。身がまだピクピクしているものをおろし、切り分けてカルパッチョにする。

活かっている魚を切り身にする時は、やや厚めにスライスすると歯ごたえが出ておいしい。

夏が旬とされるが、肝臓のおいしくなる秋が一番の食べ頃。

戻り鰹のカルパッチョ、フレッシュトマト風味
Carpaccio di bonita al pomodoro fresco
→P.128

脂ののった戻りガツオに燻製香をまとわせて
旨みを引き立てたカルパッチョ仕立て。
甘酸っぱいフレッシュトマトのソースと、
魚醤風味のタマネギのすりおろしで爽やかさを演出。

▶戻りガツオは薄切り、常温で身のなめらかさを味わう

秋の味覚、戻りガツオ。皮はあぶって柔らかくし、皮のおいしさをともに味わう。

カツオは冷やしすぎると旨みを感じにくいので、冷製カルパッチョといえども常温に近い温度で供する。また、薄く切ってこそ身のなめらかさが生きる。

とり貝の炙りとジロール、あおさ海苔のズッパ
Zuppa di "TORIGAI", gallinacci e alghe
→ P.128

炭火で軽くあぶり焼きにした柔らかなトリ貝が主役。
ジロール、アオサノリ、トリ貝のヒモで作るスープと
マッシュルーム風味の泡で旨みを添えて、
アオサノリの素揚げを香りのアクセントに。

鮑とポルチーニの冷たいスープ
Zuppa fredda di funghi porcini con abalone
→P.129

ポルチーニのクリームスープに浮かべた蒸しアワビ。
アワビはワカメとともに蒸して磯の香りをふくらませ、ポルチーニの
スープは冷製にすることで風味を抑えて主役のアワビを引き立てる。

魚介の隠し技

皮をむく、殻をむく、さばく、ぬめりを取るなど、魚介の下処理は種類によってさまざま。
効率よく、きれいに掃除する方法を求めて試行錯誤を繰り返し、
鮨店や割烹店の仕事も参考にしながら編み出した原田流の下処理の技を紹介。
本書に登場するアオリイカ、シャコ、トリ貝、タコの4種を取り上げる。

◎あおりいか

もう1枚。薄皮を残さずむき取ること

アオリイカは皮むきが厄介。外側に皮が3枚あり、一番厚い表皮は簡単にむけるが、下2枚の薄皮は身から離れにくく力がいる。また2枚の薄皮は境目がはっきりせず、1枚分しかむけないこともある。厚めにつまんでむき取ることがコツ。

背側から1枚に開いて軟骨、足、内臓をはずす(1)。ミミと一緒に厚い皮をむき取る(2)。固い端を切り取り、縦に3～4等分してさくに整える。次に、外側の先端近くに横に切り目を入れ、指を差し入れながら皮をつまんではがしていく(3)。2枚分の薄皮を、途中で切れないように注意しながら一気にはがし取る(4)。この薄皮をきれいに取りきらないと噛んでも噛んでも口に残る。裏返して内側の薄皮をむき、ペーパータオルとラップ紙で包み、氷漬けにして冷蔵庫で保管する。

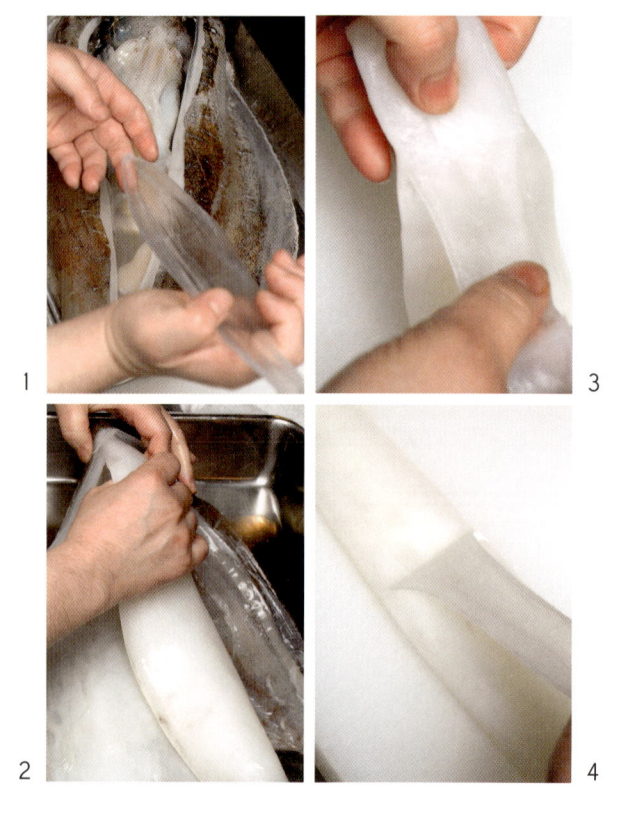

◎ しゃこ

凍らせれば生のまま殻がむける

シャコは生のままでは殻がむきにくい。ゆでれば簡単にむけるが、下処理で火を入れたくない場合は冷凍がおすすめ。仕入れたらすぐにマイナス25℃に冷凍し、調理直前に半解凍にする。手早くきれいにむける。

半解凍にしたシャコを、ハサミを使って殻をむく。頭を切り落とし、尾の脇からハサミを入れてぐるりと1周しながら左右の足を切り落とす（1）。腹側の殻をむく（2）。背側の殻をむく（3）。ともに簡単にむける。腹側を頭から尾に向かって包丁でしごき、液体状のアクを出して下処理完了（4）。

◎とり貝

しゃぶしゃぶで黒を美しく

トリ貝は表面が擦れると黒い色が落ちやすく、料理の仕上がりの美しさに影響する。器具や洗い方を工夫すると、色落ちを最小限に留めることができる。

《下処理》
トリ貝は、貝殻のちょうつがい付近に包丁を差し込み、上の殻から貝柱を切り離して、そのまま殻の縁を1周して開ける。下の殻についている貝柱も切り離す（1）。エラと膜を取り除き、貝柱、ヒモ、身に切り分ける。

トリ貝の身の表面が擦れないよう、陶板などのざらつきのない器具の上で作業を行なう。身の側面から1枚に開く（2）。内臓を取り除き、手でやさしく洗う（3）。白ワインヴィネガーと塩を入れた湯を沸かし、しゃぶしゃぶの要領で3回ほどくぐらせる（4）。次に氷水にさらす。トリ貝が氷に直接あたらないように氷水の中にザルを入れ、その中ですすぐ（5）。生の食感のまま、黒色がきれいに残ったトリ貝（6）。

◎蛸

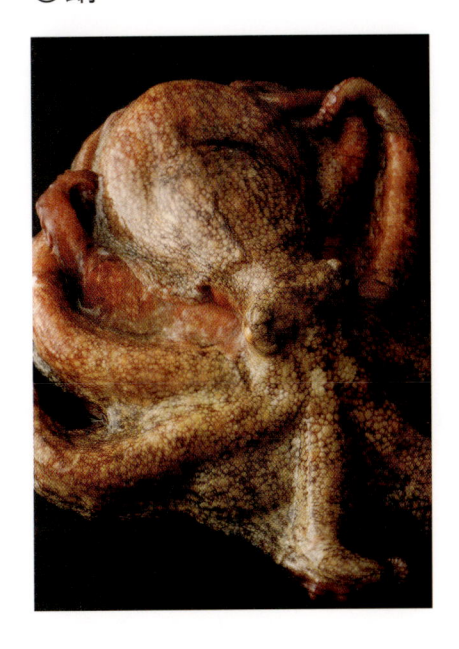

冷凍して繊維を柔らかくする

活けのマダコは一晩かけて冷凍すると、調理した時に繊維が柔らかくなる。店ではこれを解凍し、香草蒸しにしていろいろな料理に利用。煮汁に浸けておくと皮が破れやすくなるので、水分をきって保管するとよい。

《下処理》
活けのマダコは、ネットなどに入れてマイナス25℃の冷凍庫で一晩冷凍。翌日、30分間〜1時間かけて流水解凍する。頭と足を切り離し、クチバシを取り除く。足8本分をつなげたまま塩をふってよくもみ、汚れやぬめりを取る。水にさらして洗い流す。吸盤内もよく掃除する（1）。

地ダコの香草蒸し

バットに調味料（白ワイン、水、アユの魚醤、塩、グラニュー糖）とタコの足を入れ、ペーパータオルをかぶせて香草（タイム、ローリエ）をのせる（2）。ラップ紙とアルミ箔で覆って密閉し、110℃のコンベクションオーブンで40分間加熱する（3）。桜色に柔らかく蒸し上がったタコ（4）。タコの水分をきってバットに入れ、ラップ紙で覆っておく。(P.129)

しゃこと地蛸、黒大根のアグロドルチェ
Canocchia e polpo, salsa agrodolce
→ P.129

シャコの飾り揚げと地ダコの蒸し煮を甘酸っぱいソースでまとめた初夏の料理。
シャコはあっさりしたおいしさと柔らかさが持ち味のオス、
あるいはねっとりとして甘みの濃い卵に価値のあるメスをお好みで。

蛸のリゾピラフ
Risopilaf al polpo
→ P.130

リゾピラフはイタリア版炊き込みご飯。
蒸し煮にした柔らかな地ダコとジャスミンライスを
組み合わせた。旨みの濃いタコを贅沢に使い、
一緒に炊き込むことでピラフのおいしさがぐんと増す。

赤座海老のリゾピラフ
Risopilaf agli scampi
→P.130

香りのよいタイ産のジャスミンライスを
アカザエビとアサリのブロードで
アルデンテに炊き上げたリゾピラフ。
アカザエビのブロードは別に生クリームでつなぎ、
スープとして注いで風味を添える。

▶**甲殻類の殻の濃厚な旨みを米に吸わせる**

リゾピラフを炊く時は、口径が広く浅いココット鍋を使うと米に均一に火が入り、スープの味もしみ込みやすい。ただし、水分が蒸発しやすいので、ブロードはやや多めに米の1.5倍量を入れる。炊き上がりの水分が多いと感じた場合は、火にかけて混ぜながら水分を飛ばせばよい。

甲殻類で作る時は殻からもだしが出るので、殻も一緒に炊き込むのがおいしさの秘訣。鮮度がよいものならミソも利用でき、より旨みの濃いものになる。

かすべと黄にらのタリオリーニ、からすみ添え
Tagliolini alla razza con bottarga
→ P.131

蒸したカスベをポロネギのピュレとともにパスタソースに。
カスベの身はしっとりとしてほぐれやすく、パスタとよくなじむ。
食感のシャキシャキした黄ニラをアクセントに。

▶ カスベは鮮度と調理法でランクアップ

カスベはエイの別名。安価で美味なところが魅力で、店では長年使い続けている。

皮に臭みがある、と敬遠されがちだが、鮮度がよければ臭みは出ない。

皮付きで調理すると皮がガードになって火入れがソフトになる。一般には皮をむいたものが流通しているので、皮付きを指定して仕入れるとよい。

▶ 皮付きでしっとりと蒸し上げる

カスベはしっとりなめらかに仕上げるために皮と骨を付けたまま蒸す。蒸し上がってから皮と骨を除き、身の繊維に沿って細長くほぐして使う。

風味づけはニンニクとやさしい香りのハーブ（イタリアンパセリ、タイム、ローリエ）とE.V.オリーブ油。

魚介のココット焼き
Pesce e clam in cocotte

「アロマフレスカ」で提供される2つのコースのうち、
定番料理を主体に構成されているのが「アロマフレスカコース」。
そのセコンドピアットの不動の魚料理として登場するのが、「魚介のココット焼き」だ。
〈白身魚、ハマグリ、野菜〉の3種を鋳鉄製ココット鍋で蒸し焼きにし、
魚介と野菜の風味が複雑に混じり合ったひと皿に仕立てる。
魚と野菜はその時季の「旬」を取り入れ、四季折々の味を楽しんでもらう。

おいしく仕上げるためのヒント

▶白身魚の切り身は、ほどよく脂がのり、身と皮がバランスよく使えるサイズがよい。

▶魚の下調理は、皮目をフライパンでソテー、サラマンダーで焼く、ゆでる、蒸すなど、魚種に向いた方法で。

▶野菜のソースは、蒸し焼きにして旨みを引き出した野菜を、その場でピュレ状ソースに仕上げることで生き生きとした風味が出る。

▶ピュレの加減は、野菜に合ったなめらかさに。「野菜こし器」なら粗めのざっくりとしたピュレになり、「ミキサー」ならなめらかさが出る。ただしポタージュのようにトロトロにはしない。舌触りに素材の質感を若干でも残したほうが、野菜の風味が伝わりやすい。

▶魚は本書で紹介したもののほか、キンメダイ、目板ガレイ、エボダイ、ヒラメなども向く。

魚介のココット焼きの基本プロセス（チャート）

ハマグリと野菜を蒸し焼きのベースにし、魚は下調理をしてからココット鍋で数分間、余熱調理する。客席へのプレゼンテーションは、調理の臨場感を感じてもらうだけでなく、余熱調理の時間としても緻密に計算されている。野菜はハマグリから出るだしとともにピュレ状ソースに仕立てて盛り付ける。

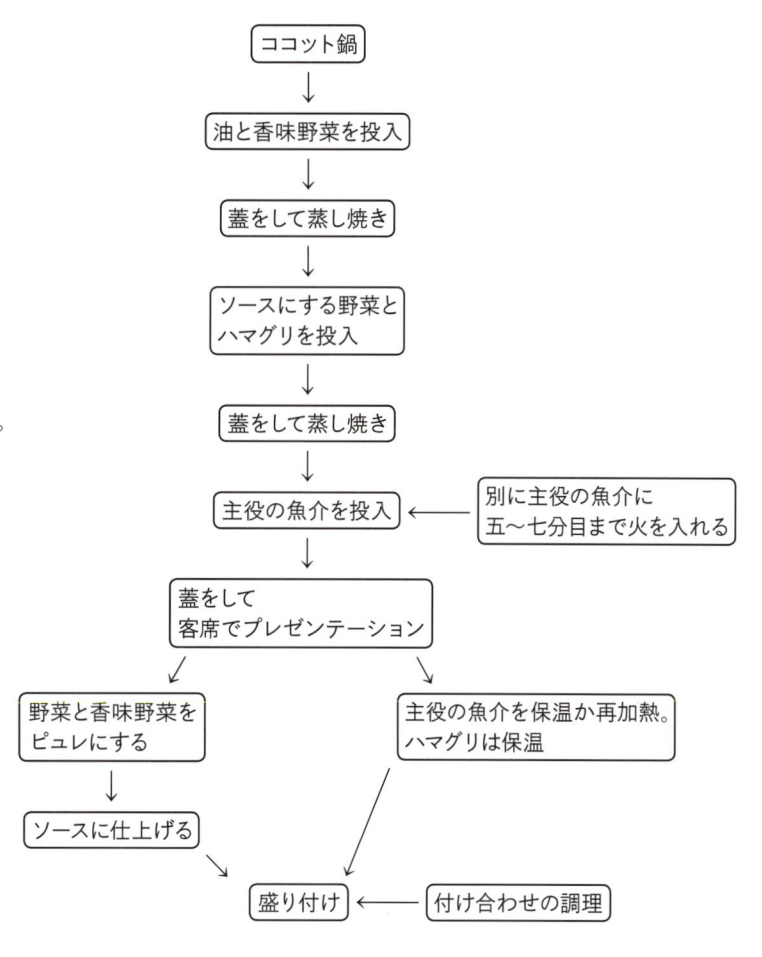

```
ココット鍋
  ↓
油と香味野菜を投入
  ↓
蓋をして蒸し焼き
  ↓
ソースにする野菜と
ハマグリを投入
  ↓
蓋をして蒸し焼き
  ↓
主役の魚介を投入 ← 別に主役の魚介に
                   五〜七分目まで火を入れる
  ↓
蓋をして
客席でプレゼンテーション
  ↓                    ↓
野菜と香味野菜を        主役の魚介を保温か再加熱。
ピュレにする           ハマグリは保温
  ↓                    ↓
ソースに仕上げる
         ↘          ↙
          盛り付け ← 付け合わせの調理
```

ハマグリあっての料理

「魚介のココット焼き」は、もともと質のよいハマグリがあって生まれた料理。ハマグリとともに蒸し焼きにして、その旨みを十分に含んだ野菜を、ピュレにしてソースに仕立てる。ふっくらと仕上がったハマグリの身も、皿の上で独特の存在感を発揮する。旬の魚介と野菜をつなぐ影の主役だ。ハマグリは大型（120〜160g）の、歯ごたえがあって風味がよいものを使用。

魚介のココット焼きの基本プロセス （「真鯛と地蛤、菜の花のココット焼き」より）

魚介のココット焼きの基本プロセスは、
香味野菜、野菜とハマグリ、メインの魚介、野菜のソースの4工程に分解できる。
魚介や野菜の種類が変わってもこの流れは同じ。
魚介の下調理と仕上げをする手段（フライパン、サラマンダー、鍋、蒸し器など）と、
野菜をピュレにする手段（野菜こし器、ミキサー）が、それぞれの特性によって変わってくる。

◎香味野菜

1.
鋳鉄製のココット鍋にニンニクとE.V.オリーブ油を入れて熱し、香りを出してからタマネギを入れる。

2.
蓋をし、弱火で10〜15分間蒸し焼きにする。

3.
タマネギが軽く色づき、柔らかく火が通ればよい。

◎野菜とハマグリ

4.
3のココット鍋に菜の花、ハマグリ、水を入れる。

5.
蓋をし、弱火で3〜5分間蒸し焼きにする。

6.
ハマグリの殻が開いたところで火を止める。

◎メインの魚介

7.
フライパンに精製ラードをひき、マダイとホタテ貝柱を入れて塩をふる。サラマンダーで焼き、半分ほど火を入れる。

8.
マダイとホタテ貝柱を6のココット鍋に入れる。

9.
蓋をして客席へ運び、プレゼンテーションする。

◎野菜のソース

10.
ココット鍋からハマグリを取り出して保温し、マダイとホタテ貝柱はサラマンダーで再度焼いて、野菜のみを残す。ニンニクを取り除く。

11.
野菜（タマネギと菜の花）と煮汁を野菜こし器でこしてピュレにする。

12.
ピュレを鍋に移して火にかけ、E.V. オリーブ油と塩で味をととのえる。

真鯛と地蛤、菜の花のココット焼き
→ P.131

時期は初春（3〜4月）。「桜鯛」とも呼ばれる美しい春のマダイと、
心地よい苦みを併せ持った菜の花で彩りよく季節の色を打ち出す。
菜の花は繊維質が多いが、柔らかく蒸し焼きにすれば野菜こし器でほどよく筋が除ける。

● 魚介（マダイとホタテ貝柱）の火入れ……サラマンダー → ココット鍋 → サラマンダー
● 野菜（菜の花）のピュレ……野菜こし器

マダイ

真鱈白子と帆立と地蛤、かぶのココット焼き
→ P.132

クリスマスの特別料理。通常の白身魚とは趣を変えてタラの白子を利用。
白子は魚に比べて供給が安定しているため、クリスマス週間に確実に提供できるメリットがある。
同時に、イタリア料理としての希少性や高級感も狙ったもの。

● 魚介（白子とホタテ貝柱）の火入れ …… フライパン → ココット鍋
● 野菜（カブ）のピュレ …… ミキサー

鮎魚女と地蛤、
ホワイトアスパラガスのココット焼き

→ P.132

時期は春から初夏（5〜6月）。葛打ちをした白身魚の吸物椀のイメージで、アイナメを調理。
葛粉の代わりに片栗粉をまぶし、湯通ししてとろりとした口当たりのよさを出す。

- 魚介（アイナメ）の火入れ……（片栗粉をまぶして）湯通し → ココット鍋
- 野菜（ホワイトアスパラガス）のピュレ……野菜こし器

アイナメ（別名アブラメ）。

魚介のココット焼き

めぬけと地蛤、
2種のキャベツのココット焼き
→ P.133

時期は冬（12～2月）。魚介は脂ののった旨みのあるメヌケ。
野菜はトスカーナ特産の冬野菜、黒キャベツと、通常の緑のキャベツを組み合わせる。
火を入れると味に深みの出る黒キャベツがあってこその料理。

● 魚介（メヌケ）の火入れ …… サラマンダー → ココット鍋 → サラマンダー
● 野菜（キャベツと黒キャベツ）のピュレ …… ミキサー

メヌケ（和名はアコウダイ）。

太刀魚と地蛤、きのこのココット焼き
→ P.133

時期は秋（9〜11月）。魚介はタチウオ、野菜はポロネギとマイタケ。
タチウオは身が薄く柔らかいので、下調理で半分ほど火を入れておけば、
その後ココット鍋に2〜3分間入れておくだけで十分に火が入る。

● 魚介（タチウオ）の火入れ……サラマンダー → ココット鍋
● 野菜（ポロネギとマイタケ）のピュレ……ミキサー

タチウオ

のどぐろと地蛤、
枝豆と黒大根のココット焼き

→ P.134

時期は夏（7～8月）。魚介はノドグロ、野菜はエダ豆（山形県産のだだ茶豆）と黒ダイコン。
エダ豆は豆特有の甘みと香りが強く、単体では味がぼけるため、
黒ダイコンの苦みと辛みでバランスをとる。すりおろした黒ダイコンを仕上げに加えることも。
エダ豆は粒が小さく、黒ダイコンは身が固いのでミキサーが必須。

● 魚介（ノドグロ）の火入れ …… サラマンダー → ココット鍋 → サラマンダー
● 野菜（エダ豆と黒大根）のピュレ …… ミキサー

ノドグロ（和名はアカムツ）。

のどぐろの天火焼き、たで風味
"NODOGURO" al forno
→ P.134

皮目をカリカリに焼かず、皮の下の脂やゼラチン質のおいしさを
生かすようにサラマンダーでふっくらと焼き上げるノドグロ。
緑色を鮮やかに残したタデのソースとモロヘイヤを添えて。

▶皮と身の間のゼラチン質がノドグロのおいしさ

和名はアカムツ。口の中が黒い色をしているため、日本海沿岸で「ノドグロ」の名前で親しまれている。

脂ののった柔らかく上品な味わいの白身魚で、皮と身の間にも豊富な脂とゼラチン質がある。このおいしさを生かすためには、皮目にソフトに火を入れる調理が向く。

▶皮目をカリッと焼かないポワレ

ノドグロは皮が薄いので、皮目を押しつけて焼くと焦げたり破れたりしやすい。また、皮の下の脂を溶かしてしまうことにもなるので、皮目をやさしく焼くことが大切。

はじめに身の面をフライパンで香ばしく焼いてから、サラマンダーに移し、皮がチリチリと焼ける程度に20秒ほど火を入れる。これで十分。

メヌケ、キンキ、タチウオなどを焼く際も同様の方法が向く。新鮮な魚でないと生臭さが出るので鮮度がよいことが条件だ。

石鯛のポワレ、花ズッキーニ添え
"ISHIDAI" in padella con fiore di zucchina
→ P.135

皮をパリッと焼いたイシダイのポワレ。
アオサノリの香りをしのばせて、イシダイの「磯」の風味を引き立てる。
合わせた野菜は、花ズッキーニとヴァイオレットアスパラガスの春の香り。

▶ アオサノリのシートを挟んで磯の香りを強調

乾燥させて素揚げにしたシート状のアオサノリを、ポワレしたイシダイにのせて磯の香りを添える。この上にズッキーニの花をかぶせ、サラマンダーで焼いて仕上げる。

アオサノリは別にブロードで煮出してこし、ソースとしても利用。

▶固い皮が特徴のイシダイ

縦の黒い縞模様が特徴のイシダイ。味のよさに定評のある高級魚で、カルパッチョなどで生食しても、焼いても美味。

皮が固めなので、焼く場合は皮をしっかりと香ばしく焼き上げる。

▶皮目をカリッと焼くポワレ

皮をパリッと香ばしく焼くために、切り身の上に鍋などの重しをのせて皮をフライパンに密着させる。身が活かっている魚は火を入れると皮が縮んで均一に焼けないので、重しは必須。

皮の香ばしさとふっくらした柔らかな身のコントラストを出すことで、それぞれのおいしさを際立たせる。

甘鯛のうろこ焼き、香草風味
"AMADAI" croccante alle erbe
→ P.135

多めの油で蒸し焼きにし、身をふっくら、ウロコをパリパリに焼いた
「松笠揚げ」風の焼きもの。緑鮮やかなソースは、ほんのり苦みのきいた
黒キャベツ入りのブロードで、キレのよいさっぱりとした味わい。

▶アマダイはウロコを生かして

ウロコも身も柔らかく、名前どおりに甘みのあるアマダイ。ウロコをおいしく食べることのできる数少ない魚のひとつで、ウロコを生かすことでアマダイの特徴が打ち出せる。

ウロコは臭みが出やすい部位であり、真水と塩水で表面をよく洗っておくことが大切だ。

身は水分が多いため、焼く前に塩をして余分な水気を抜いておくと旨みが際立つ。1尾1kg以上が味がよい。

▶ウロコをパリパリに焼くポワレ

ウロコをきれいに立たせるため、焼く前にウロコの面を少量の水に浸して30～40分間おき、湿らせる。乾いているとウロコ同士がくっつき、1枚1枚が美しく立たないからで、乾燥が強い時はウロコを軽くもみほぐす感じで水分を補う。

ウロコの根元に届くたっぷりの量の油で焼く。生焼けになりがちな根元をしっかり焼いてこそ、パリパリとした食感が生まれ、味も香りも引き立つ。

おこぜのポワレ、夏ポルチーニ添え
"OKOZE" in padella con funghi porcini
→ P.136

皮付きのオコゼの身を、頭や内臓とともにアユの魚醤でマリネしてポワレに。
付け合わせはシンプルなポルチーニのソテー。
独特の香りと旨みのあるシジミのジュにシェリーヴィネガーの
切れのよい酸味を加え、ソースとする。

▶皮目をじっくりと時間をかけて焼く

オコゼは500g前後の特大サイズが断然味がよく、内臓の質もよい。

ポワレにする時は皮目をじっくり時間をかけて焼くが、身を押さえつけて皮がカリカリになるほどには焼きつけないほうがよい。

頭とカマもおいしい部位。形がいびつなので頻繁に向きを変えて均一に火を入れる。

くえの炭火焼き、石川いも添え、パッシート風味
Cernia alla brace
→P.136

大型の高級魚、クエのフィレの身を網脂で包んで香ばしくあぶった炭火焼き。
頭、アゴ、胸ビレは蒸して添え、クエの美味を味わいつくす。
コクを併せ持つ甘口ワインのパッシートをソースと泡で。

▶ クエの身質は肉に近いイメージ

九州では「アラ」と呼ばれ、味のすぐれた魚として珍重されるクエ。ちゃんこ鍋や姿煮などの伝統料理が有名。

身質はプリッとして弾力があり、肉的な旨みを感じる魚で、今回の料理も網脂で包んだり、甘いソースを組み合わせたりと肉料理のイメージで構成した。

魚体が大きく、使いきるまでに時間がかかるため、少しずつ切り出していくのが質を維持するポイント。1週間から10日間で使い終える。

平鱸のアル・サーレと早春の野菜
Spigola al sale
→ P.137

伝統料理のひとつ「塩包み焼き」の技法で、ふっくらと蒸し焼きにしたヒラスズキ。ホワイトバルサミコ酢やシェリーヴィネガーで甘酸っぱく仕立てたバターソースと各種山菜を添える。早春の苦みが味わいを引き締める。

▶ 皮もおいしく食べてほしいヒラスズキ

スズキの近縁種で、平たい形からその名があるヒラスズキ。スズキと同じく高級魚で、柔らかく上品な旨みがある。

時折、皮が固いものがあるので、仕入れたら尾の部分などで、火を入れて皮の固さをチェックするとよい。

▶塩分が入りすぎず、美しく仕上がる紙の効用

ヒラスズキは3枚おろしの切り身ではなく、筒切りで調理して、盛り付ける時に2枚に切り分ける。塩の浸透がおだやかで身もしっとりと仕上がる。

イタリアではウロコも付けたまま塩包み焼きにし、盛り付け時に皮ごと除くことが多いが、皮もおいしく食べてもらうために魚を紙でくるんでから塩で包む方法をとった。じかに塩で包むと塩を除く時に皮が破れやすい。

塩は鍋底でガチガチに固まるのでクッション材としてワカメを敷く。磯の風味も加わってよい。

きんきの海藻ココット蒸し
"KINKI" in cocotte alle arghe
→P.138

キンキを1尾丸ごと5種類の海藻で包み、潮の香豊かに蒸し焼きにした一品。味のよいワカメとアオサノリはキンキとともに盛り合わせる。ソースはマテ貝のブロードで、石川イモやギンナン、セミドライトマトなどを軽く煮て流す。

▶脂ののった、繊細な身質が魅力のキンキ

キンキの名で通っているが、和名はキチジ。産地は北海道から房総沖の太平洋岸に限られている。脂肪に富んだ柔らかな白身魚で蒸し煮料理向き。旨みもあって人気が高い。

▶海藻の風味をまとったやさしい味わい

海藻蒸しの料理は、海藻に12分間以上火を入れないとおいしさが発揮されないので、大型の魚を1尾丸ごと、または大きめのぶつ切りを使い、時間をかけて調理するのが理想。

海藻は魚に潮の香りをつけるのが目的だが、海藻にも魚の旨みがしみ込み、ワカメ、アオサノリなどはおいしく食べられる。

真鱈白子のフライパン焼き、
からすみとラディッキオ添え
Latte di pesce alla bottarga in padella con radicchio
→ P.138

小麦粉麺のカダイフを巻き、間接的に火を入れた白子のバター焼き。
油を含んでパリパリになるカダイフと、ねっとりした白子の食感が好対照の一品。
白子の柔らかさに合わせ、削りたてのしっとりしたカラスミで旨みを補う。

第Ⅱ章

carni

肉料理

和牛のビステッカ、アロマフレスカスタイル
Bistecca alla "Aroma Fresca"
→P.139

炭火と余熱調理でなめらかな食感と旨みを引き出した和牛サーロインのビステッカ。
中東のミックススパイス「デュカスパイス」で風味づけしたルーコラのサラダと、
モスタルダなど4種の薬味と粗塩を添えて。

▶目指す味わいに
適した肉質を見極める

使用する牛肉は黒毛和種のサーロインまたはリブロース。牝牛、月齢30ヵ月前後、熟成期間25～40日間、肉質等級〈A4上～A5下〉の条件で仕入れる。脂肪交雑（サシ）が極端に多すぎないこともこの料理には必須。

▶炭火で短時間あぶり、
余熱でしっとり火入れ

和牛の「柔らかさ」と火の入った赤身肉の「旨み」を同時に実現するために、炭火で3～4分間焼き、1時間の余熱調理で仕上げる。

炭火で焼く時間が長いと火が入りすぎて固くなる。炭火は表面に香ばしさをつけるための工程で、内側の大半の部分は余熱でゆっくり、しっとりと火を入れる。余熱調理中の中心温度は45℃前後。

アロマフレスカ流
ビステッカの極意

1. 5cm強の厚みをもたせた塊肉（2人分の分量）で焼くのが基本。周りの脂身は除き、焼く30分前に塩、コショウで調味して常温にもどしておく。これを、炭火の上に渡したグリルにおく。

2. 上下の面を1分30秒ずつ焼く。

3. 側面の4面も順に焼く。時間は4面で1分間と、手早く。

4. 金網を敷いたバットに肉をのせて、温かいところに1時間おいて余熱調理。均一に火を入れるため、15分間ごとに面を返す。ゆっくりと熱を与えるので肉汁が激しく動くことがなく、切った時に肉汁が流れ出ない。

5. 仕上げに、表面の水分と脂を飛ばす程度に上下の面を1分間ずつ炭火であぶる。

6. 側面は切り落とし、水平に半分に切ってミディアムレアの切り口を作る。1切れのなかで、焼き固めた面と、余熱で火を入れた柔らかな赤身の面積の比率は、おおよそ4対6。

ほろほろ鳥のラグーと
ポルチーニのガルガネッリ
Garganelli al ragù di faraona con funghi porcini
→ P.139

ホロホロ鳥のもも肉を骨付き塊肉で煮込み、
手でほぐしてショートパスタのガルガネッリのソースに。
ポルチーニのソテーも加えたコクのある味わい。

仔うさぎと新ごぼう、
ルーコラのタリアテッレ
Tagliatelle al ragù di coniglio con bardana
→ P.140

ウサギ肉のラグーで和えたタリアテッレ。
仕上げに加えたささがきゴボウの土の香りとルーコラの苦み、
シャキッとした食感がメリハリのある味をもたらす。

和牛しっぽとふきのとうのピーチ
Pici al ragù di coda di bue
→ P.141

和牛テールのラグーで和えた手打ち麺のピーチ。
肉の赤ワイン煮をソースとすることの多いパスタだが、
あえて白ワインを使い、牛肉の風味の立ったラグーに。
赤ワインは濃縮したスパイス風味のソースに仕立てて少量を添えた。

▶煮込みを軽くする フキノトウの苦み効果

フキノトウは香りと苦みにすぐれた素材。今回の料理ではほぐして素揚げにし、牛テールのラグーに混ぜた。濃厚な煮込みに苦み野菜を加えると、苦みが清涼感を誘い、くどさが抑えられる。

桜肉のカルパッチョ仕立て、プンタレッラ添え
Carpaccio di cavallo
→ P.141

馬の薄切り肉のカルパッチョ。
パルミジャーノとオリーブ油のベーシックな調味に、
苦み野菜のプンタレッラと馬のタテガミのラルドでアクセントをつける。

▶ジューシーで歯切れのよいプンタレッラ

ローマ特産のチコリの一種、プンタレッラ。苦みが特徴だが、水分が多くジューシーでシャキシャキした歯切れのよさもある。ローマではそのままサラダにするのが定番で、アンチョビとオリーブ油の調味が一般的。今回の調味もそれに準じている。旬は冬。

仔山羊のスパイス塩ロースト、
新ゆり根とフォンティーナ、秋トリュフ風味
Arrosto di capretto alle spezie con tartufo autunno
→ P.142

スパイスとハーブ入りの粗塩にのせて蒸し焼きにした仔ヤギ肉。
淡白で弾力のあるロース肉とすね肉をシンプルに味わう。
付け合わせはユリ根のピュレととろりと溶かしたフォンティーナ。

▶ **スパイス塩の蒸し焼きで香りよく**

あらかじめ表面を香ばしく焼いた仔ヤギ肉、ローストしたニンニクとタマネギを、ココット鍋に敷いたスパイス塩にのせて蒸し焼きにし、香りよく仕上げる。

ローストしたニンニクはピュレ状に柔らかくなるので、一緒に皿に盛り、くずしてソースのようにからめてもらう。

うずらの炙り焼き、黒トリュフと花椒風味
Arrosto di quaglia
→ P.142

1枚開きのウズラ肉を花椒風味のソースでマリネし、あぶり焼きに。
しみ込んだソースとともに揚げ焼き風に焼くことで豊かな味わいが生まれる。

▶下味をつけたウズラ肉を揚げ焼き風に

ウズラ肉は塩とソースの2段階で計40〜50分間マリネし、よく味を含ませてから焼く。

下味がついているため直接フライパンで焼くと焦げ付く恐れがある。そこで金網をおき、上にウズラ肉をのせて皮目を美しく焼き上げる。丹念に脂をかけることで、肉厚の部分など火の通りの悪いところにも確実に火が入る。

最後にサラマンダーか炭火であぶり焼くことで、カラリとした香ばしさを引き出す。

バスク仔豚のヴァリエーション
Varietà di gusti di maialino
→ P.143

部位ごとに調理した3種の仔豚肉の盛り合わせ。
パリパリの皮が香ばしいロース肉のあぶり焼き、柔らかなもも肉のロースト、
甘酸っぱく煮込んだ皮付きばら肉や頭肉。ソースにもそれぞれ変化をつけて。

▶パリパリ、サクサクの皮と、ジューシーな身のコントラスト

仔豚ロース肉は皮とともに調理する。〈ゆでる、皮を乾かす、皮に穴をあける、焼く〉の４つの工程を踏み、皮を薄焼きせんべい風のパリパリの軽さに、身はロゼよりも少し火を入れて肉汁がジュワッと出るジューシー感を目指す。

脂を抜くために皮の全面に針で穴をあけて焼くが、刺すのは皮のみ。身に達するまで針を刺すと肉汁がにじみ出て皮がパリッと上がらない。

皮面に脂がしみ出たら、サラマンダーの熱源の間近で、米がはぜるようなパチパチした音が聞こえるまで焼く。

窒息鳩の炙り焼き、花にらと夏トリュフ風味
Piccione alla brace con porro cinese "HANA-NIRA" e tartufo estivo
→ P.144

鳩1羽を丸ごと炭火であぶり焼きにし、内臓も花ニラと炒め合わせて盛り込んだひと皿。
肉の風味で燻しながら焼くイメージで、香り高く凝縮した味わいに。

▶鳩から出る脂を肉全体に回すイメージで

2cm四方の太い鉄の棒を尻から刺して腹部にピタリとはめ、回したり斜めにしたりと頻繁に動かしながら全体をくまなくあぶる。

脂が炭火に落ちると炎が上がるが、鳩肉にあてて焦がさないように注意する。炭から上がるススも肉につけない。

内側から浮き出る脂は落とすのではなく、空中で肉全体に回すようなイメージで焼く。

手に受ける火力の強さ、脂のはじけ方、皮の焼け方を見極めながら肉の焼け具合を把握する。

この調理法はローストに比べて表面の水分が若干飛びやすい。乾燥気味になったら霧吹きで水をかけたり、湯にさっと浸すなど、水分を補って焼くとよい。

仔うさぎの香草ロースト、狩猟風内臓ソース
Coniglio alla "ghiotta"
→ P.145

野鳥のローストに使われる内臓ソース「サルサ・ギヨッタ」を
淡白な仔ウサギ肉にからめてコクをつけたロースト料理。
甘くみずみずしい新タマネギとコリコリした食感のキクラゲをアクセントに添えて。

▶時間差と、脂のかけ方でジャストな火入れを

ウサギ肉料理のポイントは、固く焼き締まらないようにぎりぎりの火入れにすること。部位ごとに時間差をつけ、さらに骨の周り、脂分の少ない部位など火の入りにくい場所に丹念に脂をかけながら正確に火を入れる。

ウサギ肉とサルサ・ギヨッタをからめる際、フォワグラをつなぎ役に加えると、なめらかさと風味が高まり、おいしさが増す。

蝦夷鹿のロースト、冬のきのこ添え
Arrosto di cervo ai funghi
→ P.146

エゾ鹿の柔らかな内もも肉のロースト。
中心の火入れはロゼだが、表面を意識的に香ばしく焼き固めて、
まったりとしたキノコのクリームソースとメリハリをつけている。
付け合わせのキノコもカリッと炒め上げる。

猪のロースト、ジロール、
トランペット、辛味大根と秋トリュフ
Arrosto di cinghiale al tartufo autunno
→ P.146

野生猪のロース肉のロースト。骨付きを塊のまま、余熱調理をしながら
ゆっくり50分間かけて柔らかく焼き上げる。
スーゴ・ディ・カルネに金華ハムの旨みとヴィネガーの酸味を加えたソースで。

▶猪肉は個体差をよく確かめる

野生猪のロース肉。岐阜県や兵庫県丹波の野生猪を使うことが多いが、産地の差より個体差が大きいのが猪。駆除対象になった猪はエサが足りず栄養が十分でないことが多いので、本来の狩猟肉がよい。

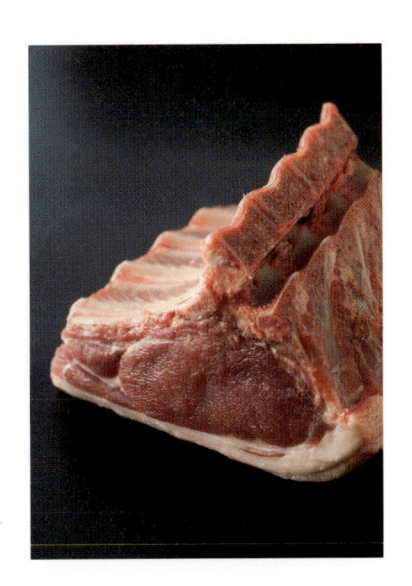

シャラン鴨のロースト、ごぼう風味、アンディーヴ添え
Arrosto d'anatra alla bardana
→ P.147

柔らかくなめらかな身質に秀でたフランス・シャラン産の鴨肉のロースト。
脂ののりがよく柔らかなメスの胸肉を骨付きで軽く焼き、余熱でしっとりと火を入れる。
ゴボウの風味を加えたスーゴ・ディ・カルネのソースで。

第Ⅲ章

verdure

野菜料理

ホワイトアスパラガスのフリット、
サルサ・バニェット添え

Asparagi fritti con salsa bagnetto
→ P.148

おだやかな苦みと香ばしい香りにおいしさがあるホワイトアスパラガスの衣揚げ。
定番のソース・オランデーズ（卵黄とバターのソース）との組み合わせを応用し、
香草入りタルタルソース風のサルサ・バニェットを添える。

▶ **低温の油で時間をかけ、ほっくりと揚げる**

春の短い時期に旬が限定されるホワイトアスパラガス。時期によって皮の厚さや身の柔らかさが変わるので、状態をよく知り、外側も中心部も均一に柔らかく火を通すことがおいしさのポイント。

春の香りのスープ
Zuppa primavera
→P.148

だしを使わず、タケノコのシンプルな「春の香り」を表現したスープ。
ゆでタケノコと水と押し麦で作るベースのスープの上に、
姫皮を牛乳で蒸らして香りをつけたフォームドミルクを浮かべる。

空豆のスフレ風オムレツ
Frittata con le fave
→P.148

ソラ豆と卵の生地を型詰めし、スフレ風にふっくらと焼き上げたオムレツ。
パリパリに揚げたソラ豆のシートを添えて風味を高める。
ローマではソラ豆に欠かせないペコリーノを薄く削って調味のひとつに。

▶生からしっかり炒めて凝縮した味わいに

イタリア産に比べると大ぶりでホクホクした旨みのある日本のソラ豆。今回のオムレツではソラ豆を下ゆでせずに炒め、卵生地と合わせてオーブン焼きにする。十分に柔らかく、凝縮した風味が出せる。

白トリュフ卵の目玉焼き
Uovo all'occhio di bue al tartufo bianco
→ P.149

白トリュフの香りを移したホロホロ鳥卵の目玉焼き。
何の変哲もない目玉焼きをくずした時に広がる芳醇な香りがこの皿の真価。
白トリュフの時季限定のアミューズで、コース冒頭で香りだけを楽しんでもらったのち、
中盤でパスタなどにたっぷりふりかけ、舌で味わってもらう趣向。

▶白トリュフの香りだけを楽しむ玉子

ホロホロ鳥の卵は鶏卵よりも小玉で、アミューズとしてちょうどよいサイズ。

白トリュフの量が少ないと香りが効果的に移らないので、最低でも白トリュフ200g、卵8個を5日間以上密閉して香りを移す。

瓶底に紙を敷き、白トリュフも1個ずつ紙に包んで水分を吸い取る（写真は包みをはずしたところ）。

野菜のココット焼き

鋳鉄製のココット鍋で野菜を蒸し焼きにする「野菜のココット焼き」は、
セコンドピアットの付け合わせとして提供している
「アロマフレスカ」の定番料理。季節の野菜を1種類ずつ、
密閉状態のココット鍋の中でじっくり時間をかけて焼くため、
柔らかく凝縮した味わいが楽しめる。
なお、セコンドピアットの付け合わせには
抵抗なく口に入る「軽さ」が必要なので、野菜の種類も限られるが、
単独で供する場合はいろいろな野菜が利用できる。(P.162)

※表示した焼き時間は1個(1人分、安納イモは2人分)の調理を基準にした目安。
野菜の個数や鍋の大きさが異なると、時間は若干違ってくる。
店ではガスオーブン内での置き場所を変えることで温度管理をしている。

おいしく仕上げるためのルール

▶野菜は種類によって固さも味も香りも違うので、いろいろな種類を1つのココット鍋に盛り込んで焼くのはむずかしい。1つの鍋に1種の野菜が原則。

▶ココット鍋のサイズは野菜の大きさや個数に合わせて選ぶ。野菜と鍋のバランスが悪いと火の入り方が効率的でなく、焼き時間、食感、風味などに影響する。

▶数個分をまとめて調理する時は、大きさと形状を揃える。不揃いだと火の通りがバラバラになって同時に焼き上がらず、ベストの風味も引き出せない。

▶皮付きで調理する新タマネギや安納イモを除き、むき出しで調理する野菜は、蓋をして蒸し焼きにしたのち、後半に蓋を取って水分を飛ばしながら焼く。最後まで蓋をしておくと蒸れて食感がグチャッとする。

▶キャベツやホウレン草などの葉野菜は、10分以内で火が通るので直火調理でよいが、その他の野菜は直火では30分以上かかり、レストランの営業では効率が悪いため、オーブン調理がよい。

野菜のココット焼きの基本プロセス

野菜によって焼き方は若干異なるが、ズッキーニの例をあげて基本のプロセスを解説する。
油脂は精製ラードが主体で、風味の相性によってバターを使うこともある。
加熱は、短時間で火の通る葉野菜は直火調理、
その他はオーブンを使い、温度、時間は野菜の大きさ、固さに応じて調整。
皮付きの新タマネギなど一部を除いては、蓋をして密閉状態を作り、蒸し焼きにするのが基本である。

1.
鋳鉄製のココット鍋は大きさも形もさまざま。野菜がぴったりと収まるものを選ぶ。

2.
ココット鍋に精製ラードをぬる。

3.
ズッキーニの切り口を上下にしてココット鍋に入れ、上面の切り口に精製ラードをぬる。

4.
蓋をして180℃のオーブンへ入れる。

5.
約10分間、底面に焼き色がつくまで焼き、裏返しにする。

6.
再び蓋をして、180℃のオーブンへ入れる。

7.
約10分間、底面に焼き色がつくまで焼き、上下を返して元に戻す。

8.
蓋を取ったまま150〜160℃のオーブンで15分間、水分を飛ばしながら焼く。仕上がりに塩をふる。

ズッキーニ

ズッキーニのココット焼き
Zucchina in cocotte

直径10cmのココット鍋にぴったりと入る大型のズッキーニを使用。厚切りをじっくり焼くことで、同じ仲間の野菜、カボチャに似た風味が出る。ジューシーな身をスプーンですくって食べる。

材料[1人分]
ズッキーニ*（幅4cmの筒切り）……1個
精製ラード……適量
塩……少量

① ココット鍋に精製ラードをぬる。
② ズッキーニの切り口を上下にしてココット鍋に入れ、上面の切り口に精製ラードをぬる。
③ 蓋をしてオーブンで計約35分間焼き、仕上がりに塩をふる。

◎オーブン温度と焼き時間の内訳
1. 180℃　10分間　蓋をして底面に焼き色がつくまで焼く。
2. 180℃　10分間　裏返しにして、蓋をして底面に焼き色がつくまで焼く。
3. 150〜160℃　15分間　再び返し、蓋を取って水分を飛ばしながら焼く。

*ズッキーニ⇒ここで使っているのは「マーシェット・キング」。ズッキーニの仲間の大型の野菜で、神奈川県百合ケ丘で栽培。皮の色が、緑と白の2種がある。長さが22〜23cm、直径が約8cmある。

白菜

白菜のココット焼き
Cavolo cinese in cocotte

白菜は中心の黄色い芯で作る。白い外葉に比べて断然柔らかく、甘みが強い。最後の調味は塩とE.V.オリーブ油で。

材料[1人分]
白菜（芯の部分）……1/4個分
精製ラード……適量
塩……少量
E.V.オリーブ油……適量

① ココット鍋に精製ラードをぬる。
② 白菜は20cm長さになるまで外葉をむいて芯の部分を取り出し、縦1/4に切る。切り口を上にしてココット鍋に入れる。
③ 蓋をしてオーブンで計約45分間焼き、仕上がりに塩とE.V.オリーブ油をふる。

◎オーブン温度と焼き時間の内訳
1. 180℃　15分間　蓋をして底面に焼き色がつくまで焼く。
2. 180℃　15分間　裏返しにし、蓋をして切り口に焼き色がつくまで焼く。
3. 150℃　15分間　再び返し、蓋を取って水分を飛ばしながら焼く。

> 赤茄子

赤茄子のココット焼き
Melanzana in cocotte

ナスは相応の水分がないと、しっとりしたおいしさが出ない。
赤ナスは水分が豊富で身質がなめらかなので、とくにココット焼き向き。
味が淡白でスッとお腹に入るのもよい。
丸ごととろりとした柔らかさにするために、皮をむいて蒸し焼きにする。

材料［1人分］
赤ナス（皮をむいたもの。幅4cmの筒切り）……1個
精製ラード……適量
塩……少量

①ココット鍋に精製ラードをぬる。
②赤ナス全体に精製ラードを多めにぬり、切り口を上下にしてココット鍋に入れる。
③蓋をしてオーブンで計約30分間焼き、仕上がりに塩をふる。

◎オーブン温度と焼き時間の内訳
1. 180℃　10分間　蓋をして底面に焼き色がつくまで焼く。
2. 180℃　10分間　裏返しにして、蓋をして底面に焼き色がつくまで焼く。
3. 150〜160℃　10分間弱　再び返し、蓋を取って水分を飛ばしながら焼く。

> とうもろこし

とうもろこしのココット焼き、フォワグラと花椒風味
Mais in cocotte al fegato grasso e pepe cinese

トウモロコシを軸付きのまま、蓋をして蒸し焼きにすると
粒にシワが寄らずふっくら焼き上がる。甘みも濃い仕上がり。
フォワグラのテリーヌの粉末を添えてコクをプラス。

材料 [1人分]
トウモロコシ（幅4cmの筒切り）……1個
精製ラード……適量
フォワグラのテリーヌ
（P.161。厚さ3cm分を冷凍したもの）……適量
コショウ……少量
花椒*（赤。粗挽き）……少量
塩……少量

*花椒⇒ホワジャオ。中国山椒の実を乾燥させた香辛料。ピリピリとしびれるような刺激が特徴。赤と青があり、赤は花の香りを感じるようなソフトな香り、青は清涼感をともなうシャープな香りがある。

①ココット鍋に精製ラードをぬる。
②トウモロコシの粒に精製ラードをぬる。切り口を上下にしてココット鍋に入れ、蓋をしてオーブンで計約30分間焼く。上がりに塩をふる。
③冷凍したフォワグラのテリーヌをマイクロゼスターですりおろしながら皿に敷き詰め、コショウと花椒をふる。ココット鍋に入ったトウモロコシとともに客席へ（写真左上）。サービスマンがトウモロコシを取り出して皿に盛る。

◎オーブン温度と焼き時間の内訳
1. 180℃　10分間　蓋をして底面に焼き色がつくまで焼く。
2. 180℃　10分間　裏返しにして、蓋をして底面に焼き色がつくまで焼く。
3. 150～160℃　10分間　再び返し、蓋を取って水分を飛ばしながら焼く。

野菜のココット焼き

> 新玉ねぎ

新玉ねぎのココット焼き
Cipolla in cocotte alla fontina

ひねのタマネギより新タマネギがとくにおすすめ。
水分が多いので歯ごたえが感じられないほどに柔らかくなり、
自然にオニオングラタンスープ風になる。
皮付きで真っ黒になるまで焼くと味が凝縮し、
少量の塩、チーズ、バターで十分なコクが出る。

材料[1人分]

新タマネギ(皮付き)……1個
精製ラード……適量
フォンティーナ*(薄切り)……20g
バター……5g
塩　少量

*フォンティーナ⇒ヴァッレ・ダオスタ州産のセミハードチーズ。無殺菌牛乳製。グリュイエールなど溶けるチーズで代用してもよい。

①新タマネギの皮に精製ラードをぬり、ココット鍋に入れる。180～200℃のオーブンで、皮が真っ黒に焦げるまで約1時間30分焼く。
②皮の上部にハサミで切り目を入れて、包丁で先端を切り落とす。切り口に塩をふり、フォンティーナとバターをのせてサラマンダーでチーズが溶けるまで焼く。

◎オーブン温度と焼き時間の内訳
1. 180～200℃　1時間30分

カリフラワー

カリフラワーのココット焼き
Cavolfiore in cocotte

カリフラワーは油脂との相性が抜群。
揚げてもおいしいが、蒸し焼きも香ばしさが加わって個性が生きる。
精製ラードではなく風味のよいバターをぬって、
つぼみ部分に焼き色をつけるように焼く。
大きな房ごと調理するとジューシー感が維持できる。

材料 [1人分]
カリフラワー……60g
バター……適量
塩……少量
白トリュフ風味の卵黄 (P.149)
　　……少量

①カリフラワーをココット鍋の大きさに合わせて、入りきらない部分を切り取る。最初に大きな房を入れて隙間に小さな房を埋める。上面にバターをぬる。蓋をしてオーブンで計約1時間焼き、仕上がりに塩をふる。
②カリフラワーを器に盛り、脇に卵黄を少量たらす。

◎オーブン温度と焼き時間の内訳
1. 180℃　20分間　蓋をして色づけないように焼く。
2. 180℃　20分間　蓋を取って、表面に焼き色がつくまで焼く。
3. 150〜160℃　20分間　蓋を取ったまま水分を飛ばしながら焼く。

安納いも

安納いものココット焼き、フロマージュ・ブランとアニス風味
Patata dolce "Anno-imo" in cocotte

サツマイモを皮付きで丸ごと焼くと、「石焼き芋」風に旨みと甘みが出る。
安納イモは最近人気の品種で、ねっとり感が強く糖度も高いので、ココット焼きに向く。
サツマイモは乳製品との相性がよいことから、
フレッシュチーズと生クリームのソースを添えて。

材料[2人分]
安納イモ(皮付き)……150g
精製ラード……適量
バター……10g
塩……少量
八角(みじん切り)……少量

ソース[4人分]
フロマージュ・ブラン*……40g
生クリーム……30g

*フロマージュ・ブラン⇒牛乳製の柔らかいフレッシュチーズ。

①ココット鍋に精製ラードをぬる。
②安納イモを皮付きのまま入れ、蓋をして180℃のオーブンで計約1時間焼く。
③安納イモを半分に切り、容器に身を取り出してバター、塩を加え、スプーンでざっくりと混ぜながら溶かす。
④フロマージュ・ブランと生クリームを合わせて火にかけ、50〜60℃に温めてソースを作る
⑤ソースを器に薄く流し、③の安納イモをクネル形にして盛る。八角を少量のせる。

◎オーブン温度と焼き時間の内訳
1. 180℃　1時間　蓋をして柔らかくなるまで焼く。

フレッシュポルチーニの炭火焼き
Porcini alla brace
→ P.149

イタリアではメインディッシュになるほどに存在感のあるきのこ、ポルチーニ。
味のよい大型のものを炭火で焼き、相性のよいフォワグラのソテーとともに盛り合わせる。
香りと食感のアクセントにヘーゼルナッツを添えて。

▶ まずは水分を蒸発させない保管

店で仕入れているポルチーニは傘の直径が15〜18cm、100g以上（大きなものは600g近くある）。大型で傘の内側のヒダが厚いと味がよい。ヒダはおいしさの素で、ポルチーニ独特のとろみもここから出る。

仕入れたらすぐに傘と軸に分け、乾燥しないように新聞紙か乾いたタオルで挟んでビニール袋に入れ、冷蔵庫で保管する。

▶︎オイルや水分を補いながら火を入れる

ポルチーニの掃除は傘の外側だけを流水で洗う。内側のヒダは劣化しやすいので水をあてたり触ったりしない。

調理中も水分を飛ばさない工夫が必要で、炭火で焼く前には全体に澄ましバターをぬり、その後、フライパンに移して水を加えて蒸し焼きに。仕上げには香草オイルで和えて風味を加える。

リコッタのニョッキ
Gnocchi di ricotta
→P.150

同量のジャガイモとリコッタを少量の強力粉でつないで作るニョッキ。
リコッタが入ることで、コクとふわりとした食感が生まれる。
ニョッキと対照的な歯ごたえのあるタケノコ入りバターソースで。

▶ふわりとした食感を際立たせる

ジャガイモは熱いうちに裏ごししてリコッタなどを混ぜる。冷めてからでは混ざりにくくなり、必要以上に練ることになってふんわり感が失われる。

バターソースに入れるタケノコはニョッキと同じ大きさに切る。ふわふわのニョッキと対照的な食感を合わせることで柔らかさと歯ごたえを際立たせる。

ニョッキはゆでて水面に浮いたら、さらに1〜2分間ゆでる。生地がより柔らかく、ふわっとした食感が強まる。生地がつぶれやすくなるので扱いには注意が必要。

旬の野菜のアーリオ・オーリオ

ニンニク、赤唐辛子、オリーブ油で調味するパスタ料理の基本「アーリオ・オーリオ・エ・ペペロンチーノ」。
この味をベースに味わい豊かな旬の野菜を組み合わせれば、付加価値がぐっと高まる。
「アロマフレスカ」では折に触れ、コース料理のプリーモ・ピアットとして、あるいはコース料理の終盤に
組み込んでいる「お楽しみの皿（小さなドルチェ、チーズ盛り合わせ、シンプルなパスタから選択）」として提供。
極力シンプルな構成で野菜の個性を引き立て、季節をストレートに感じられる作りにしている。

田芹

田芹のスパゲッティ、アーリオ・オーリオ
Spaghetti aglio, olio con erba "TAZERI"
→ P.150

早春が旬の田ゼリ。
一般的なセリよりも丈が短く、
茎が細くて柔らかい。
独特の香りを生かすために、
アーリオ・オーリオのスパゲッティを仕上げ、
火をはずしたところに
田ゼリを加えて余熱で火を入れる。
フレッシュなシャキッとした食感も残す。

たけのこ

たけのこのスパゲッティ、アーリオ・オーリオ
Spaghetti aglio, olio con germoglio di bambù
→ P.150

春の香りの代表、
タケノコで作るアーリオ・オーリオ。
姫皮も含め、いろいろな部分のタケノコを細く、
あるいは薄く切って食感に変化をつけ
パスタとなじませる。
下ゆでしたものを、ニンニクなどと色づくまで
オイルで炒めるとおいしい。

旬の野菜のアーリオ・オーリオ

カルチョフィ

カルチョフィのスパゲッティ、ラルド添え
Spaghetti ai carciofi con lardo
→ P.151

ガク片の先が丸い大型タイプの
カルチョフィを使い、花托、
柔らかいガク片、軸をともに調理する。
半量をココット鍋で蒸し焼きに、
半量を素揚げにして合わせることで、
パリパリ、ねっとり、コリコリなど
複雑な食感と旨みを引き出す。

松茸

松茸のスパゲッティ、アーリオ・オーリオ
Spaghetti aglio, olio con funghi "MATSUTAKE"
→ P.151

秋の味覚、
マツタケをたっぷり使った
贅沢なアーリオ・オーリオ。
香りと食感がいのちのマツタケは、
薄く切りすぎないことがポイント。
少し厚みをもたせたほうが
噛みながら香りを感じやすく、
マツタケならではの
歯ごたえやジューシー感も残る。

赤茄子と海胆のカペッリーニ
Capellini con melanzane e riccio di mare
→ P.151

揚げた赤ナスをブロードの中でつぶしながら煮てピュレを作り、
提供直前に、紫ウニ、生クリームを混ぜてソースに仕立てた冷製パスタ。
ピュレを仕込んでおくことで安定した味になる。
2つの素材の旬である5〜8月の限定メニュー。

▶赤ナスのとろみをソースに

赤ナスは、香りは薄いが甘みがある。また身質がなめらかで、火を入れるととろりとした食感が出ることからソース仕立てにはうってつけ。今回の料理でもウニとよくからみ、一体感のあるソースになっている。

第Ⅳ章

dolci

ドルチェ

白桃のコンポート、
アールグレイとミントのジュレ
Pesca sciroppata con gelatina al tè "Earl Grey"
→ P.152

短時間マリネで桃の表面のみにシロップをしみ込ませ、
内側はフレッシュフルーツのおいしさを残したコンポート。
桃の下には桃のピュレで作るジェラートと、紅茶&ミント風味の柔らかなジュレ。

栗のオーブン焼き、
ココナッツのジェラート添え
Castagne gratinate con gelato di coco
→ P.152

イタリアの秋の風物詩である焼き栗をイメージ。
大粒の栗を丸ごと蒸し、栗のクリームとともにオーブンで焼いて、
香ばしくほっくりとした焼き栗を再現した。
ジェラートはさっぱり味のココナッツが好相性。

無花果のスパイスシロップ煮、
ライチのジェラート添え
Fichi cotti allo sciroppo aromatizzato, gelato di litchi
→ P.153

ジュニパーベリーやレモングラスなど爽やかなスパイス風味のシロップに漬けたイチジク。
黒イチジクのピュレと、イチジクのコンポート液で作るグラニテを下に敷き詰めて。

巨峰のジェラート、
デラウェアとモスカートのジュレ
Gelato di uva "KYOHO" con uva "Delaware" e gelatina di moscato
→ P.154

主役は皮付きで作る巨峰の濃厚なジェラート。
デラウェアのプルンとした食感とみずみずしさ、マスカット種ワインの爽やかなジュレを
添えてブドウの味の広がりを楽しむ。多様な要素をまとめるのは下に敷いたブランマンジェ。

林檎のミルフィーユ仕立て
Millefoglie di mele
→ P.154

紅玉リンゴのチップスとソルベで作るミルフィーユ仕立て。
ソルベは煮リンゴのイメージで、紅玉リンゴの果肉を
リンゴジュースで煮て凍らせた。リンゴの酸味、
香り、味をすべて生かした丸ごとリンゴの味わい。

珈琲のクラッシュゼリーと
バイマックルーのジェラート
Gelatina di caffè e gelato al "kaffir lime leaves"
→P.155

バイマックルー（コブミカンの葉）の風味をつけた
ホワイトチョコのジェラートとコーヒーゼリー。
タイカレーなどでおなじみのバイマックルーの柑橘系の香りは
乳製品と相性がよく、コーヒーとも調和する。

フォンダン・ショコラと白トリュフのジェラート
Tortino al cioccolato fondente
→P.156

クリスマス限定の白トリュフを楽しむドルチェ。
香りを邪魔しないココナッツのジェラートに刻んだ白トリュフを混ぜて芳香を立たせる。
温かいチョコレートが中から流れ出る焼きたてのフォンダン・ショコラとともに。

苺のスープ仕立てと綿あめ
Zuppa di fragole e zucchero filato
→ P.157

シロップに短時間だけ漬けたイチゴのマリネを
フレッシュなイチゴスープに浮かべて。ミルクのジェラートと
綿あめの飾りは、色、食感、味ともにイチゴと相性がよい。

黒トリュフのスフレ
Soufflè al tartufo nero
→P.158

ベストマッチとされるトリュフと卵の組み合わせをスフレに応用。
ベーシックなスフレ生地に、黒トリュフ入り生クリームソースと、
ディスク状の黒トリュフバターを添えて、混ぜながら食べる仕立て。
華やかな香りに包まれた贅沢感のあるドルチェ。

アロマフレスカ流
失敗しないスフレの技

▶ スフレの
浮きをよくするコツ

1. ココット型の側面にバターを上向きにぬることで、浮きを助ける。

2. バターをぬったココット型にまぶすグラニュー糖は目の粗いものにする。生地がグラニュー糖の粒に引っかかりながら浮いていくので、安定する。

3. オーダー後にメレンゲを作り、ベースの生地に混ぜ合わせて生地を完成させる。この時、生地がタラタラと流れ落ちるくらいまでしっかりと混ぜること。混ざり方にムラがあると生地が安定せず、浮きが悪くなる。気泡は若干消えるが、浮きに必要な細かな気泡は十分に残る。

4.5.6. ココット型に生地を流したら、まず表面を平らにならす。次にパレットを使って、縁まで生地を引き上げるようにして平らにならす。全体に粉糖をふったのち、布巾で縁をぐるりと1周して、縁についた生地と粉糖をぬぐい取る。いずれも生地を水平に縁からきれいに浮き上がらせるのに役立つ。

味に深みを、香りに変化を
料理をささえる 小さな脇役たち

日本の素材や調味料、さらに中東、中国、東南アジアにも、
イタリア料理に自然に溶け込み、新たなおいしさに導いてくれる素材がたくさんある。
味作りのひとつとして、風味のアクセントとして多用しているものの一例を紹介。

太白ゴマ油（上）、精製ラード（下）
太白はゴマを生で搾って精製した油。強い香りがなく油の質がよいので、素材の風味を生かすことができ、とくに貝やイカの甘みが引き立つ。火を入れず生で使うのが効果的。
精製ラードは素材を焼いたり炒めたりする調理のベースに使用。高温で熱しても酸化にしくく、油ぎれのよいところが気に入っている。

アユの魚醤
イタリアの魚醤（ガルム）はアンチョビが原料だが、これはをアユを塩漬け発酵した魚醤。旨みが濃いうえに臭みがないので、料理のコクづけに重宝する。

谷中ショウガ、スダチ
谷中ショウガは葉ショウガの代表的な品種。根ショウガよりも風味がおだやかで食感も柔らかい。刻んで使っても上品な味わいが出せる。
柑橘はレモン、ライム、スダチを併用。酸味の質も香りも異なるので、料理によって使い分けたり、一緒に使ったりする。スダチはキレのよい酸味がある。果汁だけでなく皮を下にして皮のエキスもともに搾るとより効果的。

マイクロリーフ
葉野菜とハーブを双葉ほどの大きさで摘み取ったもの。ルーコラ、バジリコ、レッドソレル、ビーツ、ピノグリーン、レッドケール、サラダバーネット、マスタードグリーン、レッドアジアンマスタード、リアス芥子菜など15種類ほどあり、適宜数種をミックスして付け合わせに使う。大きく育った葉とは違う食感、風味の凝縮感があり、見た目の変化も出る。

アジアのテイスト
金華ハム、（カップ内は右より時計回りに）ティー・マサラ*1、花椒（青）*2、スマック*3、花椒（赤）*2、デュカスパイス*4、レモングラス、バイマックルー（コブミカンの葉）。
イタリアの生ハムは骨の周辺部などを調味材料として使うが、中国の金華ハムも同様にソースのベースなどに使うと味の表現に変化が出る。
スパイス、ハーブ類もアジアのものはまた独特。ドルチェを含めて活用できる場は多い。

刺身のつま
（右上より）ムラメ、花穂ジソ、芽ネギ、紅タデ、鴨頭ネギ（ふぐネギ）。
刺身のつまを各種常備し、ハーブのひとつとして風味のアクセントに多用。
小ネギはシブレットのほかに芽ネギ、鴨頭ネギを使う。種類によって太さも違えば、香りの質や強さも違うので、主素材の風味に合わせて使い分ける。

*1 ティー・マサラ…紅茶用のミックススパイス。シナモン、カルダモン、クローヴ、ジンジャー、ナッツメッグをブレンドしたもの。肉の煮込みなどに使う。
*2 花椒…ホワジャオ。中国山椒の実を乾燥させた香辛料。ピリピリとしびれるような刺激が特徴。赤と青の2種があり、赤は花の香りを感じるようなソフトな香り、青は清涼感のあるシャープな香りがある。香りの質や強さの違いで使い分けるとおもしろい。
*3 スマック…ウルシの仲間の樹木の実を乾燥して粉末にしたスパイス。赤紫色でかすかな酸味がある。トルコなどのアラブ諸国でサラダや煮込みに使われる。
*4 デュカスパイス…白ゴマ、コリアンダーシード、クミンシード、ブラウンマスタードシード、ヘーゼルナッツ（ローストして粗く刻んだもの）、塩を混ぜ合わせた自家製。サラダなどに使う。

ricette
料理解説

pesci
魚料理

穴子の香草蒸し、フレッシュトマトの香り
Grongo al vapore
→P.18

材料[4人分]

アナゴ(1尾180g)……2尾
塩……適量
ディルの葉……2枝分
ローリエ(半分にちぎったもの)……1枚分

フレッシュトマトソース[仕上がり量約315g。1人分40g]
- フルーツトマト(湯むきにしたもの)……280g
- レモン果汁……15〜20g
- 粒マスタード……3g
- E.V.オリーブ油……15g
- 塩……少量

ラルド(0.5gの薄切り)……4枚
芽ネギ(長さ5cm)……適量
花椒*(赤。挽いたもの)……少量
E.V.オリーブ油……20g

*花椒⇒ホワジャオ。中国山椒の実を乾燥させた香辛料。ピリピリとしびれるような刺激が特徴。赤と青の2種があり、赤は花の香りを感じるようなソフトな香り。

アナゴの香草蒸し
①アナゴに目打ちをし、背から1枚開きにする。頭、中骨、内臓、ヒレを取る。皮を下において身に5mm間隔の切り目を入れる(皮のすぐ上まで包丁を入れる)。
②2枚ともに皮を上にしておき、塩をふってディルを散らし、皮同士を貼り合わせる。中央で2等分して2段に重ねる。ローリエをのせ、蒸し器で40分間蒸したのち、冷ます。

フレッシュトマトソース
③フルーツトマトを野菜こし器で粗くこし、レモン果汁、粒マスタード、E.V.オリーブ油、塩を加え混ぜる。トマトの甘みや酸味によってレモン果汁の量を調整する。

仕上げ&盛り付け
④アナゴを4等分し、切り口に飛び出した小骨を骨抜きで抜く。蒸し器で温める。
⑤皿にソースを敷き、アナゴをおく。ラルドをのせ、芽ネギをおいて、全体に花椒とE.V.オリーブ油をかける。

Point
▶トマトのソースはなめらかなピュレにせず、粗い粒を残したほうがベター。トマトの旨みやフレッシュ感が際立つ。

あおりいかのカルパッチョ仕立て
Carpaccio di calamaro
→P.20

材料[1人分]

アオリイカ……2×3.5cm大を2枚
アスペルジュ・ソヴァージュ(穂先6〜7cm)
　……3本
ショウガ*(みじん切り)……少量
アユの魚醤……少量
マイクロリーフ(P.120)……適量
エディブルフラワー(ナスタチウム、ボリジ、フェンネル)
　……適量
芽ネギ、花穂ジソ……各適量
スダチ……1/4個
太白ゴマ油……3g

サルサ・ヴェルデ[仕上がり量約240g。1人分2〜3g]
- イタリアンパセリの葉……30g
- ディルの葉……20g
- アンチョビ……24g
- ケイパー……24g
- 粒マスタード……24g
- ニンニク(みじん切り)……6g
- E.V.オリーブ油……120g

ヴィネグレット風ソース[仕上がり量約250g。1人分小さじ1]
- ライム果汁……40g
- ホワイトバルサミコ酢……160g
- グラニュー糖……45g
- 塩……5g

*ショウガ⇒葉ショウガの代表的な品種、谷中ショウガの根茎の部分を使用。根ショウガよりも辛みがマイルド。

アオリイカ
①アオリイカの背側を縦に切り、1枚に開く。軟骨を除き、足と内臓をはずす。水洗いして水分をふき、ミミと厚い皮を一緒にむく。両端の硬い部分を薄く切り取り、身を縦に3〜4等分する。身の先端近くに横に切り目を入れ、ここから外側の薄皮をはがし、下までむき取ったら端を切り落とす。次に内側の薄皮をむき取る。ペーパータオルとラップ紙で包み、氷漬けにして冷蔵庫で保管する。(P.36)
②オーダー後に4×7cmに切り分け、片面に1mm間隔で格子状に切り目を入れる(切り目の深さはイカの厚みの半分強)。2×3.5cm大に切り分け、1人分に2枚を使う。

アスペルジュ・ソヴァージュ
③アスペルジュ・ソヴァージュを塩ゆでし、冷水にとって水気をふく。

サルサ・ヴェルデ
④材料をすべてミキサーで攪拌し、ピュレにする。

ヴィネグレット風ソース
⑤材料をすべて混ぜる。

仕上げ&盛り付け
⑥ショウガを、同量のアユの魚醤で和える。
⑦器にサルサ・ヴェルデを敷き、アスペルジュ・ソヴァージュとアオリイカを並べる。イカの上にショウガをのせる。マイクロリーフ、エディブルフラワー、芽ネギ、花穂ジソを盛り、ヴィネグレット風ソース、太白ゴマ油を全体にかけてスダチの果汁を搾りながらかける。

Point
▶ヴィネグレット風ソースは油脂を使わず、ライム果汁、酢、砂糖でさっぱりした甘酢風に仕立てたもの。青魚のマリネにも酢締めのような感覚で利用。ライム果汁は丸みのある酸味だが、盛り付け後にキレのあるスダチ果汁を搾って酸味の厚みをもたせた。

子持ちやりいかの炭火焼き、菜園風
Calamaro alla brace
→P.21

材料[2人分]
ヤリイカ(子持ち)……1ぱい(100～120g)
塩……適量
E.V. オリーブ油……適量

ニンニクのクロッカンテ
ニンニク(みじん切り)……小さじ1
E.V. オリーブ油……20g

黒オリーブのソース
アンチョビ……12g
黒オリーブ(粗みじん切り)……4個分
ニンニクのクロッカンテで使用したE.V. オリーブ油
　……全量

イタリアンパセリのセミドライ
イタリアンパセリの葉……適量
E.V. オリーブ油……適量

マイクロリーフ(P.120)……適量
エディブルフラワー(ナスタチウム、ボリジ)……適量
スマック*……適量
E.V. オリーブ油……適量
ダイダイの果汁……適量

*スマック⇒ウルシの仲間の樹木の実を、乾燥して粉末にしたスパイス。赤紫色でかすかな酸味がある。トルコなどのアラブ圏でサラダや煮込みに使われている。

ヤリイカの炭火焼き
①ヤリイカのミミをはずして皮をむく。眼、クチバシ、墨袋、軟骨を取り除く。
②ヤリイカに塩をふってE.V. オリーブ油をぬり、炭火で両面を30秒間ずつ香ばしく焼く。縦半分に切り、切り口を上にして金網に並べ、内臓と子(卵)にE.V. オリーブ油をぬる。サラマンダーで約30秒間あぶる。

ニンニクのクロッカンテ
③ニンニクをE.V. オリーブ油で炒め、薄いきつね色のカリカリの状態になったらザルでこす(油は黒オリーブのソースに使う)。

黒オリーブのソース
④アンチョビと黒オリーブを上記のE.V. オリーブ油で香ばしく炒める。

イタリアンパセリのセミドライ
⑤イタリアンパセリにE.V. オリーブ油をまぶし、50～60℃のところに1時間ほどおいてセミドライにする。

盛り付け
⑥ヤリイカを器におき、ニンニクのクロッカンテをのせて黒オリーブのソースをかけ、さらにイタリアンパセリのセミドライを盛る。全体にマイクロリーフとエディブルフラワー、スマックを散らし、E.V. オリーブ油とダイダイの果汁をかける。

Point
▶内臓と子は色が変わるほどには焼かず、温める程度に火を入れる。生臭みが抜けておいしさに変わる、瞬間的な火入れを狙う。
▶イタリアンパセリは素揚げにすると香りが飛びやすいが、油をまぶして50℃くらいのところに1時間ほどおくと、香りのよいサクサクとした食感になる。

ほたるいかとホワイトアスパラガスのグラタン仕立て
Calamaretti gratinati
→P.22

材料[1人分]
ホタルイカ……4はい
E.V. オリーブ油a……適量

イカ墨のリゾットのクロッカンテ[80～100枚分。1人分4枚]
米(あきたこまち)……80g
ホタルイカ……15はい
エシャロット(みじん切り)……10g
ニンニク(みじん切り)……6g
赤唐辛子……2本
E.V. オリーブ油b……10g
白ワイン……30g
アサリのブロード……180g
イカ墨(ペースト。市販品)……10g
ミックスハーブ*……少量
揚げ油……適量

ホワイトアスパラガスのピュレ[5人分]
ホワイトアスパラガス(長さ2cmに切ったもの)……250g

新タマネギ（くし形切り）……50g
ニンニク風味の油a＊……17g
ハマグリのブロード……60g

パルミジャーノ……少量
パン粉……少量
ニンニク風味の油b＊……4滴
ディルの葉……少量

＊ミックスハーブ⇒イタリアンパセリ、ディル、タイムの各みじん切りを3：2：1で混ぜたもの。
＊ニンニク風味の油a⇒ニンニクのコンフィの調理で残るオリーブ油。（P.161）
＊ニンニク風味の油b⇒すりおろしたニンニクをE.V.オリーブ油でのばしたもの。

ホタルイカのソテー

①ホタルイカの眼とクチバシを取り除く。内側に軟骨の付いている面のみ、E.V.オリーブ油aをひいて強火で10～15秒間焼く。

イカ墨のリゾットのクロッカンテ

②ホタルイカの眼、クチバシ、軟骨を除き、ミキサーでピュレにする。
③エシャロット、ニンニク、赤唐辛子をE.V.オリーブ油bで炒め、香りが出たら米を入れて2分間ほど炒める。②のホタルイカのピュレを加えてさっと炒め、白ワインを入れて火を強め、水分を飛ばす。アサリのブロードとイカ墨を入れて12～13分間煮る。
④バットに取り出して冷まし、イタリアンパセリ、タイム、ディルを混ぜ、ラップ紙で包んで直径3cmの筒状に整え冷凍する。ラップ紙をはずして厚さ1～2mmに切り、バットに並べて85℃のオーブンで1時間半、乾燥させる。
⑤イカ墨の香りが飛んだり色づいたりしないように160℃の低温の油に④を入れて10秒間ほどで素早く揚げ、油をきる。

ホワイトアスパラガスのピュレ

⑥ココット鍋にニンニク風味の油a、ホワイトアスパラガス、新タマネギを入れ、蓋をして20分間蒸し焼きにする。蓋を取り、水分を飛ばしながら3分間ほど炒める。
⑦ハマグリのブロードを加えて10分間煮て、ミキサーでピュレにする。

仕上げ

⑧1人分用のフライパンを火にかけて、イカ墨のリゾットのクロッカンテ3枚を敷く。ホワイトアスパラガスのピュレを流し、ホタルイカの焼いた面を上にして並べる。イカ墨のリゾットのクロッカンテを1枚のせる。
⑨ピュレの上にパルミジャーノを、ホタルイカにはパン粉とニンニク風味の油bをふる。サラマンダーで焼き色をつけ、ディルを添える。

四万十川産鮎の炭火焼き、アロマフレスカ風
"AYU" alla brace con cetrioli e legumi
→P.24

材料［1人分］

アユ（天然。50g前後）……1尾
塩……適量
加賀太キュウリ（皮をむいたもの）……15g
クレソン、ルーコラ、エダ豆、スナップエンドウ……各適量

ヴィネグレット［作りやすい分量。1人分大さじ1強］
| エシャロット（みじん切り）……30g
| レモン果汁……35g
| シードルヴィネガー……40g
| 塩……4g
| E.V.オリーブ油……100g

ライム（皮付き）……1/8個

アユの炭火焼き

①アユの眼の上から串を刺し、中骨を縫うようにして踊り串にする。
②塩をふり、頭を下にして炭火の上のグリルにおおよそ斜め45度に立てかけて20分間前後焼く。途中で頻繁に位置を変えたり角度を調整したりしながら1尾を均等に焼き上げる。

野菜

③加賀太キュウリは厚めに皮をむき、盛り付け直前にスライサーで薄い輪切りにする。
④エダ豆とスナップエンドウを塩ゆでし、エダ豆はさやと薄皮をむき、スナップエンドウはさやを開いて片側のさやを取り除く。

ヴィネグレット

⑤エシャロット、レモン果汁、シードルヴィネガー、塩を合わせ、E.V.オリーブ油をたらしながら混ぜる。

盛り付け

⑥器の中央に加賀太キュウリをおき、上にアユをのせる。エダ豆、スナップエンドウ、クレソン、ルーコラを添え、ヴィネグレットをかける。
⑦アユの真上で、ライムの皮を下にして果汁と皮のエキスを搾る。

Point

▶アユの頭を下にして焼くと身の脂と内臓の風味が頭に流れ、香ばしさが増す。アユは産地にもよるが70g以上になると骨が固くなってくるので、焼いてから頭と骨をはずして供するのがよい。
▶加賀太キュウリは種子の周りにとくに香りがあり、アユの余熱が加わると一層香りが立つ。みずみずしさを保つために盛り付け直前に切る。

赤座海老のクルード
Scampo crudo
→P.26

材料 [2人分]
アカザエビ（殻付き。160〜180g）……1尾
アユの魚醤a……適量
太白ゴマ油……適量
E.V.オリーブ油a……大さじ1
フレッシュトマトソース (P.122)……60g
レフォール（すりおろしたもの）……少量
└ E.V.オリーブ油b……少量
ショウガ*（すりおろしたもの）……少量
└ アユの魚醤b……少量
ラディッシュ（薄切り）……1個
└ フランボワーズヴィネガー……少量
芽ネギ、セルフイユ、ディル……各適量
赤粒コショウ（細かく挽いたもの）……適量

*ショウガ⇒代表的な葉ショウガの品種、谷中ショウガの根茎の部分を使用。根ショウガよりも辛みがマイルド。

アカザエビの外子
①アカザエビに外子が付いていればスプーンなどではずし、外子を水洗いしてザルで水気をきる。アユの魚醤aにくぐらせて再度水気をきり、2倍量の太白ゴマ油で和える。内子はほぐれないので殻に入ったまま調理する。

アカザエビのソテー
②アカザエビの身を殻ごと縦半分に切り、砂袋と背ワタを取り除く。フライパンを熱々に熱して殻を下にして入れ、10〜15秒間焼く。E.V.オリーブ油aをフライパン全体に回しかけ、さらに10〜15秒間焼く（身の切り口が盛り上がってくる）。

薬味
③レフォールとE.V.オリーブ油b、ショウガとアユの魚醤b、ラディッシュとフランボワーズヴィネガーをそれぞれ混ぜる。

盛り付け
④器にフレッシュトマトソースを敷き、アカザエビを盛る。ミソの上に③のレフォールを、身の上にショウガをのせる。ラディッシュ、芽ネギ、セルフイユ、ディルを全体に散らし、赤粒コショウをふる。外子の1/6量を1人分として散らす。

オマールの温製インサラータ、レモングラスとヘーゼルナッツ風味
Insalata d'astice alla citronella e nocciola
→P.28

材料 [2人分]
オマール（殻付き。550g）……1尾
アユの魚醤……2〜3g
ヘーゼルナッツ（粗みじん切り）……3粒分
レモングラス*（小口切り）……1本
E.V.オリーブ油……大さじ1

オマールのミソのソース
オマールのミソ……1尾分
バター……12g
サルサ・バニェットA*（P.160）……16g
ホワイトバルサミコ酢……3g

オマールの泡のソース
オマールの頭……240g
ニンニク（つぶしたもの）……2片
ポロネギ（ざく切り）……8g
バター……20g
コニャック……10g
白ワイン……10g
トマトソース……20g
水……400g
牛乳……150g
生クリーム……50g

桜エビのパウダー*……適量
パプリカのパウダー（市販品）……適量
鴨頭ネギ（ふぐネギ。小口切り）……適量
コシアブラの葉……2枝
揚げ油……適量

*レモングラス⇒ハーブティー用に市販されている葉の部分とは別のもの。柔らかく、香りがマイルドな白い軸の部分を使う。
*サルサ・バニェット⇒香草入りのタルタルソース風のもの。
*桜エビのパウダー⇒生の桜エビを天板に広げて85℃のオーブンで1.5〜2時間火を入れて乾燥させ、軽くもんで粉末にしたもの。

オマールの蒸しもの
①オマールを殻付きのまま縦に2等分する。ミソを取り出して取りおき、内子が入っていれば2/3量を取り除く（この料理では使わない）。
②殻付きの身をスチームコンベクションオーブン（100℃、湿度100%）で1分15秒間蒸す。殻をはずして身をアユの魚醤で和え、さらにヘーゼルナッツとレモングラス、E.V.オリーブ油で和える。

オマールのミソのソース
③取りおいたオマールのミソをバターでさっと炒める。
④ボウルに入れてサルサ・バニェットを加え混ぜる。ホワイトバルサミコ酢で味をととのえる。

オマールの泡のソース
⑤ニンニクとポロネギをバターでじっくりと炒める。叩いたオマールの頭を入れてよく炒め、香りが十分に出てきたらコニャックと白ワインを入れて鍋底をよく煮溶かす。トマトソースと水を加えて30〜40分間煮つめ、こす。
⑥2人分40gを鍋にとり、牛乳と生クリームを加えて沸騰直前まで温め、バーミックスで泡立てる。

仕上げ&盛り付け
⑦コシアブラを素揚げにする。
⑧器にオマールの身を盛り、ミソのソースを添えて周りに泡

のソースをかける。桜エビのパウダーとパプリカのパウダーをふり、鴨頭ネギとコシアブラを盛る。

Point
▶オマールは加熱しすぎると、せっかくのプリプリした触感が失せてしまう。新鮮な身をぎりぎりの火入れで蒸すよう、時間には十分に気をつける。

子持ち鮎とだだ茶豆、水菜のリゾット
Risotto con "AYU"
→P.29

材料［2人分］
米（あきたこまち）……50g
エシャロット（みじん切り）……4g
E.V. オリーブ油a……10g
白ワイン……15g
アサリのブロード……150g

子持ちアユ（天然）……1尾
塩……適量
だだ茶豆（エダ豆）……20粒
ミズナ（長さ3cmのざく切り）……少量
塩……適量
ミックスハーブ*……少量
E.V. オリーブ油b……20g

シブレット（小口切り）……少量

＊ミックスハーブ⇒イタリアンパセリ、ディル、タイムの各みじん切りを3：2：1で混ぜたもの。

アユの炭火焼き
①子持ちアユに塩をふり、炭火でしっかりと焼く。頭、尾ビレ、小骨も含むすべての骨を取り除き、6～8等分にする。

だだ茶豆
②だだ茶豆を柔らかく塩ゆでし、さやと薄皮をむく。

リゾット
③小鍋にE.V. オリーブ油a、エシャロットを入れて炒め、軽く火が入ったら米を加えて1～2分間炒める。白ワイン、アサリのブロードを順に入れ、11～12分間煮る。
④だだ茶豆とミズナ、アユを入れて混ぜる。塩、ミックスハーブ、E.V. オリーブ油bを加えて混ぜる。

盛り付け
⑤器にリゾットを盛り、シブレットをふる。

焼きタラバ蟹のサラダ仕立て、アロマフレスカ風
Insalata di granchio alla "Aroma Fresca"
→P.30

材料［2人分］
タラバガニ……足1本
キュウリ（蛇腹切り→厚さ1cmの輪切り）……2個
グレープフルーツ（薄皮をむいて2等分）……1房分
E.V. オリーブ油……適量
葉野菜（ピンクロッサ、カラシ菜、赤ミズナ、人参の葉、ディル、イタリアンパセリ、赤タマネギ）……各適量

ヴィネグレット
E.V. オリーブ油……20g
レモン果汁……20g
粒マスタード……10g

タラバガニ
① タラバガニの甲羅とフンドシをはずし、ミソとガニ（肺）を取り除いて真ん中で2つに切る。すべての足を真ん中あたりの関節で切る（切り取った先端部分は他の料理に利用）。残った足（殻の内側に続く部分も）を1本ずつに切り離し、関節で2つに切っておく。
② 焼く直前にそれぞれをさらに2等分し、表側の殻をハサミで切ってはずす（裏側の殻は残しておく）。カニ肉にE.V. オリーブ油をたっぷりまぶす。
③ 殻を下にして炭火で焼き、一度裏返しにし、再度返す。この工程を約2分強で行なう。
④殻をすべてはずしてカニ肉をボウルに入れ、E.V. オリーブ油15g（2人分）をかける。カニ肉の繊維を押し開くようにもみほぐしながらオイルをまぶす。

葉野菜とヴィネグレット
⑤葉野菜をそれぞれ食べやすい大きさに切って合わせる。
⑥ヴィネグレットの材料をすべて混ぜ、適量で葉野菜を和える。

盛り付け
⑦器にカニ肉を盛り、④のボウルに残っているE.V. オリーブ油をかける。キュウリとグレープフルーツを添えて残りのヴィネグレットをかけ、葉野菜をのせる。

Point
▶焼きたてを供するのが大前提。人肌より若干高いくらいの温度がカニの甘み、香りがもっとも引き立つ。
▶カニ肉を和えるボウルは材料の分量に比して小さすぎるとカニ肉が重なり、余熱で火が回る心配がある。2人分なら直径16cm、4人分は20cm、6人分は24cmが適正サイズ。

上海蟹のスープと
フォワグラのフラン
Zuppa gialla
→ P.31

材料
上海ガニのスープ [約22人分。1人分30g]
- 上海ガニ（殻付き。1ぱい100g）……800g
- エシャロット（薄切り）……30g
- ショウガ（薄切り）……30g
- アサリのブロード……780g
- 水……400g
- 精製ラード……20g
- 塩……少量
- 生クリーム……30g

フォワグラのフラン [約30人分。1人分9g]
- フォワグラ（鴨）……100g
- 全卵……70g
- 生クリーム……100g
- 塩……2g
- コショウ……少量

ショウガのサンブーカ風味 [作りやすい分量]
- ショウガ（せん切り）……10g
- サンブーカ*……30g
- 水……100g

- シブレット（小口切り）……適量

*サンブーカ⇒アルコール度が40度前後の無色透明のイタリア産リキュール。ニワトコなどが風味づけの原料。

上海ガニのスープ
①上海ガニは甲羅をはずし、砂袋とガニ（肺）を取り除く。ミソは取りおく。足をハサミで3～4等分に切り、胴部も細かく切る。
②鍋に精製ラードとエシャロット、ショウガを入れて炒める。香りが出てきたら上海ガニの足と胴部を入れて、色づけないようにさっと炒める。アサリのブロードと水を入れて15分間煮る。アクが浮けば取り除く。取りおいたカニミソを混ぜ入れ、3分間火を通す。
③シノワに入れて、殻をつぶしながらこす。鍋に入れ、塩と生クリームを入れて温める。

フォワグラのフラン
④フォワグラは小片に切って常温にもどす。ボウルに入れ、泡立器で混ぜてピュレにする。全卵、生クリームを順に加えて混ぜ、塩とコショウで調味し、こす。
⑤バットに流し、ラップ紙をかぶせてスチームコンベクションオーブン（85℃、湿度100%）で10～12分間、蒸し焼きにする。粗熱を取ったのち、冷蔵庫で冷やす。

ショウガのサンブーカ風味
⑥鍋にサンブーカを入れて強火にかけ、アルコール分を飛ばす。
⑦水とショウガを入れて1/4量に煮つめ、とろりとしたシロップ状にする。

仕上げ&盛り付け
⑧フォワグラのフランをスプーンでクネル状に形作り、85℃、湿度100%のスチームコンベクションオーブンで30秒～1分間弱、温める。
⑨器に上海ガニのスープを注ぎ、中央にフォワグラのフランをおく。ショウガのサンブーカ風味を2～3本とシブレットをのせる。

Point
▶カニの殻はとかく香ばしく炒めがちだが、このスープ料理では炒めすぎないことがポイント。焼き色がついたり香ばしさが出たりすると上海ガニ独特の旨みや香りが隠れてしまう。生臭みを飛ばす程度に軽く炒め、加えた水分にエキスを移し出すように煮る。

かわはぎのカルパッチョ仕立て
Carpaccio di "KAWAHAGI"
→ P.32

材料 [1人分]
- カワハギ（1枚8gの薄切り）……3枚
- カワハギの肝……1個
- アユの魚醤……適量
- レフォール（すりおろしたもの）……適量
- E.V.オリーブ油a……適量

スダチの泡
- スダチ果汁……30g
- 水……30g
- レシチン……3g

- マイクロリーフ（P.120）……適量
- 芽ネギ、花穂ジソ、ムラメ……各適量
- E.V.オリーブ油b……3g

カワハギの下処理と肝のソース
①カワハギの皮をはいで3枚におろし、さく取りして厚さ3～4mmのへぎ切りにする。
②カワハギの肝にアユの魚醤をひたひたにかけ、30分間マリネする。ザルにあげて水気をきり、裏ごしする。

スダチの泡
③スダチ果汁、水、レシチンを混ぜ、エアレーション*で空気を入れて泡を作る。

盛り付け
④レフォールとE.V.オリーブ油aを混ぜ、2～3gずつ器の3カ所にぬる。その上にカワハギの身をおき、②の肝のソース（1人分約10g）をかけて芽ネギをのせる。
⑤マイクロリーフと花穂ジソ、ムラメを散らし、E.V.オリーブ油bをかける。スダチの泡を3カ所に盛る。

＊エアレーション⇒水槽などで使われる空気を送り込む器具。

Point
▶カワハギをカルパッチョとして供することができるのはおろした当日のみ。翌日に持ち越した場合は歯ごたえが落ちているので、包丁で叩いてタルタルなどに利用するとよい。

戻り鰹のカルパッチョ、フレッシュトマト風味
Carpaccio di bonita al pomodoro fresco
→P.33

材料［1人分］
カツオ（薄切り）……3枚
タマネギ……適量
アユの魚醤……適量
芽ネギ……適量
花穂ジソ……3個
赤粒コショウ……3粒
ラディッシュ（薄切り）……3枚
フレッシュトマトソース（P.122）……30g
E.V.オリーブ油……適量

カツオ
①カツオを5枚おろしにして皮を付けたままさく取りする。血合いは取り除く。皮をガスバーナーで焼いて柔らかくし、マイナス25℃のショックフリーザーに2〜3分間ほど入れて粗熱を取る。
②サクラのチップで10〜15分間スモークしたのち、厚さ4mmのへぎ切りにする。

タマネギ
③タマネギをすりおろして水にさらし、布巾などで包んで水気を絞る。同量のアユの魚醤で和える。

盛り付け
④器にトマトソースを敷き、カツオを3枚並べる。それぞれにタマネギのすりおろし、芽ネギ、花穂ジソ、赤粒コショウをのせ、ラディッシュを添えてE.V.オリーブ油を回しかける。

とり貝の炙りとジロール、あおさ海苔のズッパ
Zuppa di "TORIGAI", gallinacci e alghe
→P.34

材料［2人分］
トリ貝（殻付き。200g）……2個
白ワインヴィネガー……適量
塩……適量
精製ラード……適量

ジロールとアオサノリのスープ
トリ貝の貝柱とヒモ（上記のトリ貝のもの。粗みじん切り）……2個分
ジロール（小型）……40g
アオサノリ（生）a……20g
精製ラード……10g
アサリのブロード……90g
E.V.オリーブ油a……15g
塩……適量

キノコの泡［作りやすい分量。1人分大さじ1強］
マッシュルームのデュクセル［以下より30g］
| マッシュルーム……500g
| バター……100g
牛乳……160g
生クリーム……40g

アオサノリのシート
アオサノリ（生）b……適量
揚げ油……適量

E.V.オリーブ油b……1人分3g
シブレット（小口切り）……適量

トリ貝のあぶり
①下処理をしたトリ貝の身を、白ワインヴィネガーと塩を入れた湯で湯引きにしたのち、氷水にとる。（P.38）
②トリ貝の水気をふいて裏面に精製ラードをぬり、炭火の上の金網にのせて30秒ほどあぶる。

ジロールとアオサノリのスープ
③鍋に精製ラード、ジロール、トリ貝の貝柱とヒモを入れ、約1分間炒める。アサリのブロードを入れて半量に煮つめ、アオサノリaとE.V.オリーブ油aを入れる。塩分が足りなければ塩でととのえる。

キノコの泡
④マッシュルームのデュクセルを作る。マッシュルームをミキサーでみじん切りにする。鍋にバターとともに入れて約1時間30分、よく混ぜながら炒める。
⑤30g分を鍋にとり、牛乳と生クリームを加えて火にかけ60℃に温める。バーミックスで泡立てる。盛り付け時に、上に浮いた泡を使う。

アオサノリのシート
⑥オーブンペーパーにアオサノリbを薄くのばし、ラップ紙をかぶせてスケッパーでしごいて極薄にのばす。55℃のウォーマーに1時間入れて乾かし、適宜の大きさに割る。
⑦提供直前に、160℃の揚げ油にさっとくぐらせて香りを立たせる。

盛り付け
⑧器にジロールとアオサノリのスープを張り、トリ貝を盛ってアオサノリのシートを添える。キノコの泡（大さじ山盛り1杯）をかけ、E.V.オリーブ油bをたらしてシブレットを散らす。

Point
▶トリ貝はゆでると固くなりがち。湯引きをした半生、またはあぶる調理法が柔らかく、おいしい。

鮑とポルチーニの冷たいスープ
Zuppa fredda di funghi porcini con abalone
→ P.35

材料
蒸しアワビ[40人分]
アワビ（殻付き。黒アワビ）……500〜600g
水……ひたひたの量
塩……水の1.5％
ワカメ（生）……ひとつかみ

ポルチーニのスープ[20人分。1人分30g]
スープのベース[仕上がり量約400g。20人分150g]
| ポルチーニ（薄切り）……250g
| エシャロット（薄切り）……40g
| 精製ラード……10g
| アサリのブロードa……200g
アサリのブロードb（冷たいもの）……450g
生クリーム……30g
塩……少量

シブレット（小口切り）……少量

蒸しアワビ
①アワビを水洗いしながら掃除し、殻付きのままバットに入れてひたひたの水と塩、ワカメを入れる。ラップ紙とアルミ箔でぴったりと包み、スチームコンベクションオーブン（100℃、湿度100％）で4〜5時間蒸す。
②蒸し上がったらバットに入れたまま常温に冷ます。

ポルチーニのスープ
③スープのベースを作る。鍋に精製ラードとエシャロットを入れて炒め、香りが出てきたらポルチーニを入れて炒める。しんなりとしたらアサリのブロードaを入れて約15分間煮る。ミキサーにかけてこし、冷やしておく。
④③のうち150gにアサリのブロードb、生クリーム、塩を加えて混ぜ、冷やしておく。

盛り付け
⑤蒸しアワビを殻からはずし、身を極薄に切り、肝も小さく切る。
⑥ポルチーニのスープを器に注ぎ、アワビ2枚を盛って肝とシブレットをのせる。

Point
▶アワビの良否は生ではわかりにくいが、火を入れると差が出る。半分近くに縮んでしまうものもあるので注意が必要。生け簀に入れて保管したものもエサを食べていないのでやせやすく、加熱すると縮む。同じ品種の中では大型のほうが歩留まりがよく、味も総じてよい。

しゃこと地蛸、黒大根のアグロドルチェ
Canocchia e polpo, salsa agrodolce
→ P.40

材料[1人分]
シャコのカダイフ揚げ
シャコ（活け。オス、または子持ちのメス）……1尾
カダイフ*……適量
塩、揚げ油……各適量

地ダコの香草蒸し[1人分1/4〜1/5本]
タコ（活け）……1ぱい
白ワイン……300g
水……100g
アユの魚醤……10g
塩……2g
グラニュー糖……2g
タイム……5枝
ローリエ……5枚

ヴィネグレット風ソース[1人分小さじ1]
| ライム果汁……40g
| ホワイトバルサミコ酢……160g
| グラニュー糖……45g
| 塩……5g

黒ダイコン*（厚さ2mmの薄切り）……3枚
アユの魚醤……適量
マイクロリーフ（ビーツの双葉）、フェンネルの花……各適量

*カダイフ⇒トルコなどの中東で食される、小麦粉でできた細い麺状の生地。冷凍で流通。
*黒ダイコン⇒皮が黒く、身の白い大根で、辛みはおだやか。

シャコのカダイフ揚げ
①活けのシャコをいったん冷凍してから半解凍して、殻をむく。（P.37）
②カダイフは冷凍品を常温に出して半解凍にする。台に広げ、塩をふったシャコをおいて巻き付ける。180℃の揚げ油で、オスなら30〜40秒間（25gを想定）、メスなら1分15〜30秒間（40gを想定）揚げて油をきる。メスは卵を抱えているぶん火が入りにくいが、揚げすぎてパサつかせないようにし、レアに近いなめらかさを残す。

地ダコの香草蒸し
③活けのタコをいったん冷凍して解凍し、下処理をしたのち、調味液に浸けて、香草とともに蒸し煮にする。（P.39）

仕上げ&盛り付け
④香草蒸しのタコの足1本を4〜5等分し、アユの魚醤をま

ぶす。
⑤ヴィネグレット風ソースの材料を混ぜる。
⑥器にシャコを盛り、タコを添えて、タコの上に黒ダイコンを並べる。周囲にマイクロリーフを散らし、フェンネルの花を飾って、全体にヴィネグレット風ソースをかける。

Point
▶シャコは活けを急速冷凍してから半解凍にすると殻が簡単にむける。ゆでてもむきやすいが、火が入りすぎる可能性があり、また生から直接揚げるほうがしっとりと仕上がる。
▶活けのタコは冷凍すると繊維が柔らかくなる。蒸し煮にした後で煮汁に浸けておくと皮が破れやすくなるので水気をきって保管する。

蛸のリゾピラフ
Risopilaf al polpo
→ P.41

材料［2人分］
地ダコの香草蒸し（P.39。ひと口大に切ったもの）……足2本分
ジャスミンライス*……60g
エシャロット（みじん切り）……4g
白ワイン……適量
アサリのブロード……90g
E.V. オリーブ油……適量
ミックスハーブ*……少量
レモングラス*……2本

*ジャスミンライス⇒インディカ米（長粒米）の高級品種。タイ産。
*ミックスハーブ⇒イタリアンパセリ、ディル、タイムの各みじん切りを3：2：1で混ぜたもの。
*レモングラス⇒ハーブティー用に市販されている長い緑の葉を使う。

タコのリゾピラフ
①ココット鍋にエシャロットとE.V. オリーブ油を入れて炒め、火が通ったらジャスミンライスを入れて炒める。温まったら白ワインとアサリのブロードを入れ、沸騰したらタコの香草蒸しを入れる。
②蓋をして、180℃のオーブンで12分間炊く。

仕上げ＆盛り付け
③炊き上げたリゾピラフにミックスハーブをふり、レモングラスをのせて蓋をし、客席でプレゼンテーションする。
④レモングラスを取り出して全体を混ぜ、器に盛ってレモングラスを添える。

Point
▶タコは調理中に水分がしみ出てくるので、途中で蓋を開けて水分量を確認する。多いようであればしばらく蓋を開けて炊くか、炊き上がり後に火にかけて混ぜながら水分を飛ばす。

赤座海老のリゾピラフ
Risopilaf agli scampi
→ P.42

材料［2人分］
アカザエビ（殻付き。1尾140g）……2尾
ジャスミンライス*……60g
エシャロット……4g
E.V. オリーブ油a……6g
白ワイン……少量
アサリのブロード……45g
アカザエビのブロードa……45g
ミックスハーブ*……少量
E.V. オリーブ油b……適量
塩……適量
タイム……2枝

アカザエビのスープ
アカザエビのブロードb……40g
生クリーム……5g

シブレット（小口切り）……適量
E.V. オリーブ油c……適量

*ジャスミンライス⇒インディカ米（長粒米）の高級品種。タイ産。
*ミックスハーブ⇒イタリアンパセリ、ディル、タイムの各みじん切りを3：2：1で混ぜたもの。

アカザエビの下処理
①アカザエビの頭胸部と胴部の間に包丁を差し入れて切り離す。この時、背ワタも一緒に引き抜く。腹側の両端をハサミで切り、殻をむいて身を取り出す（身は⑤のソテーに使用）。頭胸部の殻を縦に2等分し、砂袋を除く。尾と2本の爪も風味がよく出るよう縦に2等分する。
②①の殻をフライパンにのせ、火にかけて水分を飛ばす。下側が乾いてきたらサラマンダーに入れ、上面も乾燥させる。殻が白っぽくなり、香ばしい香りが出るまで計5分間ほどかける。

リゾピラフ
③ココット鍋にエシャロットとE.V. オリーブ油aを入れて炒め、火が通ったらジャスミンライスを入れて炒める。温まったら白ワインとアサリのブロード、アカザエビのブロードaを入れ、乾燥させたアカザエビの殻をのせて沸騰させる。
④蓋をして、180℃のオーブンで12分間炊く。

アカザエビのソテー
⑤フライパンにE.V. オリーブ油bをひき、アカザエビの身の背を下にして入れて塩をし、上にタイムをのせて火にかける。1分間強ソテーしたのち、裏返しにして30秒間ソテーする。

アカザエビのスープ
⑥アカザエビのブロードbを小鍋で温め、生クリームを加えてつなぐ。

仕上げ＆盛り付け

⑦リゾピラフを弱火にかけ、上にのせた頭胸部の殻に付いているミソと少量の身をリゾピラフの上に取り出し、殻をすべて除く。ミックスハーブと塩をふり、混ぜる。
⑧器に盛ってアカザエビのソテーとタイムをのせ、シブレットを散らす。周りにアカザエビのスープを流し、E.V. オリーブ油cを回しかける。

Point
▶ジャスミンライスはもともとポソポソした食感で、調理時間が12分間を多少越してもパサつくほどにはならず、時間に過度に神経質にならなくてよい。ただし、炊き足りなくて固さが残るのはよくない。水分が足りなければブロードを加えて炊き直してもよい。
▶ジャスミンライスと魚介は相性がよく、オマール、上海ガニ、タコ（P.41）でもおいしくできる。

かすべと黄にらのタリオリーニ、からすみ添え
Tagliolini alla razza con bottarga
→P.44

材料
タリオリーニ [以下より2人分50g]
強力粉……150g
00粉……250g
全卵……2個
卵黄……3個分
E.V. オリーブ油……5g
塩……1〜2g
強力粉（打ち粉用）……適量

カスベの蒸しもの [4人分]
カスベ（骨と皮付き）……240g
　ニンニク（薄切り）……1/2片
　イタリアンパセリ……6枝
　タイム……3枝
　ローリエ……1枚
　E.V. オリーブ油a……10g
アサリのブロードa（温かいもの）……12g
E.V. オリーブ油b……6g
塩……少量

ポロネギのソース [2人分]
ポロネギのピュレ [仕上がり量約125g。2人分20g]
　ポロネギ（小口切り）……50g
　ニンニク（つぶしたもの）……1片
　赤唐辛子……1本
　E.V. オリーブ油c……15g
　アサリのブロードb……200g
黄ニラ（長さ5cm）……50g
ニンニク（つぶしたもの）……小1片
赤唐辛子……1本
E.V. オリーブ油d……15g
アサリのブロードc……90g
カラスミ（すりおろしたもの）……1人分4g
シブレット（小口切り）……適量

タリオリーニ
①打ち粉用強力粉以外の材料をすべて混ぜ合わせ、塊になったら台の上でよくこねる。ビニール袋で包み、常温で30分間以上やすませて再度こねる。この工程をあと2〜3回繰り返す。
②パスタマシンで厚さ1.2mmのシート状にのばし、幅2mm、長さ20cmにカットする。強力粉で打ち粉をして密閉容器に入れ、冷蔵庫で保管する。

カスベの蒸しもの
③カスベをバットに入れ、ニンニク、イタリアンパセリ、タイム、ローリエを散らしてE.V. オリーブ油aをかける。蒸し器で約12分間蒸す。
④カスベの皮と骨を取り除き、身をほぐす（仕上がり量150〜160g）。ボウルに入れ、アサリのブロードa、E.V. オリーブ油b、塩を加え混ぜて味をなじませる。

ポロネギのソース
⑤ポロネギのピュレを作る。ニンニクと赤唐辛子をE.V. オリーブ油cで炒め、香りが出てきたらポロネギを加えて軽く炒める。アサリのブロードbを加えて半量に煮つめる。ニンニクと赤唐辛子を取り除き、ミキサーにかけてこす。
⑥別にニンニクと赤唐辛子をE.V. オリーブ油dで炒め、香りが出てきたらニンニクと赤唐辛子を取り除き、黄ニラを入れて軽く色づく程度に炒める。⑤のポロネギのピュレ20gを加え、アサリのブロードcでのばして温める。

仕上げ&盛り付け
⑦タリオリーニを塩湯でゆでる。
⑧ポロネギのソースを温め、タリオリーニを和えて塩で味をととのえる。器に盛り、カスベをのせる。全体にカラスミをふり、シブレットを盛る。

《魚介のココット焼き　Pesce e clam in cocotte》

真鯛と地蛤、菜の花のココット焼き
→P.50

材料 [2人分]
マダイ（30g弱の切り身）……2枚
ホタテ貝柱（55〜60g）……1個
塩……適量
地ハマグリ（殻付き）……2個
菜の花……8〜10枝
タマネギ（くし形切り）……1/4個
ニンニク（つぶしたもの）……1片

E.V.オリーブ油a……20g
水……少量
精製ラード、塩……各適量
E.V.オリーブ油b……15g
アサリのブロード（保温用）……適量

フリアリエッリ＊……2枝
精製ラード、塩……各適量
シブレット（小口切り）……適量
E.V.オリーブ油c……6g

＊フリアリエッリ⇒チーマ・ディ・ラーパのナポリでの呼び名。九州で栽培されているものを使用。

ココット焼き
①ココット鍋にニンニクとE.V.オリーブ油aを入れて熱し、香りを出す。タマネギを加えて蓋をし、弱火で10～15分間蒸し焼きにする。
②菜の花、ハマグリ、水少量を加え、蓋をして、ハマグリの殻が開くまで3～5分間、蒸し焼きにする。
③フライパンに精製ラードをひき、マダイとホタテ貝柱を入れて塩をふる。皮を上にしてサラマンダーに入れ、熱源を最も近くにあてて焼き、半分ほど火を入れる。②のココット鍋に入れて蓋をし、客席でプレゼンテーションする。
④調理場に戻し、ハマグリを取り出して身を殻からはずし、温かいアサリのブロードに入れて保温する。マダイとホタテ貝柱は調理皿にのせてサラマンダーで完全に火を入れる。ニンニクは除く。
⑤ココット鍋に残ったタマネギと菜の花、煮汁を野菜こし器でこしてピュレにし、別鍋に入れる。E.V.オリーブ油bを適量加えて温め、塩で味をととのえてソースとする。

付け合わせ
⑥精製ラード少量をひいたフライパンでフリアリエッリを焼き、塩をふる。

盛り付け
⑦器に野菜のソースを流し、マダイ、2等分したホタテ貝柱、ハマグリを盛り合わせる。シブレットをふってフリアリエッリをのせ、E.V.オリーブ油cを回しかける。

E.V.オリーブ油b……10g
アサリのブロード（保温用）……適量
カブb（皮をむいた厚さ1mmの薄切り）……2枚
ブロッコリ・ネーリ＊……2枝
精製ラード、塩……各適量
シブレット（小口切り）……適量
E.V.オリーブ油c……6g

＊ブロッコリ・ネーリ⇒ナポリのブロッコリの一種。ネーリ（黒い）の名前が示すように黒みがかった緑色で、菜の花のような形状。九州で栽培されているものを使用。

ココット焼き
①ココット鍋にニンニクとE.V.オリーブ油aを入れて熱し、香りを出す。カブaを入れて蓋をし、弱火で20分間蒸し焼きにする。
②ハマグリを入れ、蓋をしてハマグリの殻が開くまで3～5分間、蒸し焼きにする。
③精製ラード少量をひいたフライパンで白子の両面をさっと焼き、塩をふる。ホタテ貝柱も両面を焼いて八分目まで火を入れ、塩をふる。②のココット鍋に入れて蓋をし、客席でプレゼンテーションする。
④調理場に戻し、ハマグリを取り出して身を殻からはずし、温かいアサリのブロードに入れて保温する。白子も取り出して温かいところにおき、ニンニクは除く。
⑤ココット鍋に残ったカブと煮汁をミキサーでピュレにし、別鍋に入れる。E.V.オリーブ油bを加えて温め、塩で味をととのえてソースとする。

付け合わせ
⑥カブbの両面に薄く精製ラードをぬり、65℃のウォーマーで8時間おき、乾かす。
⑦精製ラード少量をひいたフライパンでブロッコリ・ネーリを焼き、塩をふる。

盛り付け
⑧器に野菜のソースを流し、白子、2等分したホタテ貝柱、ハマグリを盛る。シブレットをふり、⑥のカブと⑦のブロッコリ・ネーリをのせる。E.V.オリーブ油cを回しかける。

真鱈白子と帆立と地蛤、かぶのココット焼き
→P.51

材料[2人分]
白子（マダラ。15gの塊）……2個
ホタテ貝柱（55～60g）……1個
地ハマグリ（殻付き）……2個
カブa（皮をむいた4つ割）……6個（180～200g）
ニンニク（つぶしたもの）……1片
E.V.オリーブ油a……25g
精製ラード、塩……各適量

鮎魚女と地蛤、ホワイトアスパラガスのココット焼き
→P.52

材料[2人分]
アイナメ（30～35gの切り身＊）……2枚
地ハマグリ（殻付き）……2個
ホワイトアスパラガス（皮をむいて4等分したもの）……280g
新タマネギ（くし形切り）……30g
ニンニク（つぶしたもの）……1片
E.V.オリーブ油a……15g
水……少量

塩……適量
片栗粉……適量
E.V.オリーブ油b……20g
アサリのブロード（保温用）……適量

浜ボウフウ……6枝
鴨頭ネギ（ふぐネギ。小口切り）……適量
E.V.オリーブ油c……6g

＊アイナメの切り身⇒アイナメは3枚におろして骨抜きし、皮面を下にして、骨切りの要領で3～4mm間隔で切り目を入れる。4～5刃目で切り離して、1枚30～35gの切り身にする。

ココット焼き

①ココット鍋にニンニクとE.V.オリーブ油aを入れて熱し、香りを出す。ホワイトアスパラガスと新タマネギを加えて蓋をし、弱火で約20分間蒸し焼きにする。
②ハマグリと水少量を入れ、蓋をして、ハマグリの殻が開くまで3～5分間、蒸し焼きにする。
③アイナメに軽く塩をふり、切り目の中にもいきわたるように片栗粉をまぶす。沸騰した湯にさっと通し、水分をきって②のココット鍋に入れる。蓋をして、客席でプレゼンテーションする。
④調理場に戻し、ハマグリを取り出して身を殻からはずし、温かいアサリのブロードに入れて保温する。アイナメも取り出して温かいところにおく。ニンニクは除く。
⑤ココット鍋に残ったホワイトアスパラガスと新タマネギ、煮汁を野菜こし器でこしてピュレにし、別鍋に入れる。E.V.オリーブ油bを加えて温め、塩で味をととのえてソースとする。

盛り付け

⑥器に野菜のソースを流し、アイナメとハマグリを盛る。浜ボウフウをのせ、鴨頭ネギをふり、E.V.オリーブ油cを回しかける。

めぬけと地蛤、2種のキャベツのココット焼き
→P.53

材料［2人分］

メヌケ（40gの切り身）……2枚
地ハマグリ（殻付き）……2個
キャベツa（ざく切り）……50g
黒キャベツ＊（細かく刻んだもの）……30g
ニンニク（つぶしたもの）……1片
E.V.オリーブ油a……25g
精製ラード、塩……各適量
E.V.オリーブ油b……10g
アサリのブロード（保温用）……適量

キャベツb（芯の部分）……2枚
塩……適量
シブレット（小口切り）……適量

E.V.オリーブ油c……6g

＊黒キャベツ⇒トスカーナ州特産のキャベツで葉は結球せず、黒みがかった緑色からその名がある。

ココット焼き

①ココット鍋にニンニクとE.V.オリーブ油aを入れて熱し、香りを出す。キャベツaと黒キャベツを入れて蓋をし、弱火で5分間蒸し焼きにする。
②ハマグリを入れ、蓋をしてハマグリの殻が開くまで3～5分間、蒸し焼きにする。
③メヌケに塩をふり、皮に精製ラードを薄くぬる。皮を上にしてサラマンダーに入れ、熱源を最も近くにあてて4～5分間焼いて八分目まで火を入れる。②のココット鍋に入れて蓋をし、客席でプレゼンテーションする。
④調理場に戻し、ハマグリを取り出して身を殻からはずし、温かいアサリのブロードに入れて保温する。メヌケは調理皿にのせてサラマンダーで完全に火を入れる。ニンニクは除く。
⑤ココット鍋に残ったキャベツと黒キャベツ、煮汁をミキサーでピュレにし、別鍋に入れる。E.V.オリーブ油bを加えて温め、塩で味をととのえてソースとする。

付け合わせ

⑥キャベツbを1分間ほど蒸し、塩をふる。

盛り付け

⑦器に野菜のソースを流し、メヌケ、ハマグリを盛る。シブレットをふり、蒸したキャベツを中央にのせてE.V.オリーブ油cを回しかける。

太刀魚と地蛤、きのこのココット焼き
→P.54

材料［2人分］

タチウオ（40gの切り身）……2枚
地ハマグリ（殻付き）……2個
ポロネギ（ざく切り）……30g
マイタケ……80g
ニンニク（つぶしたもの）……1片
E.V.オリーブ油a……25g
精製ラード、塩……各適量
E.V.オリーブ油b……10g
アサリのブロード（保温用）……適量

レンコン（厚さ1cmの輪切り）……2枚
精製ラード、塩……各適量
シブレット（小口切り）……適量
E.V.オリーブ油c……6g

ココット焼き

①ココット鍋にニンニクとE.V.オリーブ油aを入れて熱し、香りを出す。ポロネギとマイタケを入れて蓋をし、弱火で

10〜15分間蒸し焼きにする。
②ハマグリを入れ、蓋をしてハマグリの殻が開くまで3〜5分間、蒸し焼きにする。
③タチウオに塩をふり、皮に薄く精製ラードをぬる。皮を上にしてサラマンダーに入れ、熱源を最も近くにあてて焼き、半分ほど火を入れる。②のココット鍋に入れて蓋をし、客席でプレゼンテーションする。
④調理場に戻し、ハマグリを取り出して身を殻からはずし、温かいアサリのブロードに入れて保温する。タチウオも取り出して温かいところにおき、ニンニクは除く。
⑤ココット鍋に残ったポロネギとマイタケ、煮汁をミキサーでピュレにし、別鍋に入れる。E.V.オリーブ油bを加えて温め、塩で味をととのえてソースとする。

付け合わせ
⑥精製ラード少量をひいたフライパンでレンコンの両面を焼き、塩をふる。

盛り付け
⑦器に野菜のソースを流し、タチウオとハマグリを盛る。それぞれにシブレットをのせ、レンコンをおく。E.V.オリーブ油cを回しかける。

のどぐろと地蛤、枝豆と黒大根のココット焼き
→ P.55

材料[2人分]
ノドグロ（30gの切り身）……2枚
タマネギ（くし形切り）……15g
エダ豆a（塩ゆでして薄皮をむいたもの）……50g
エダ豆b（塩ゆでして薄皮をむいたもの）……20粒
黒ダイコンa（薄切り）……10g
地ハマグリ（殻付き）……2個
ニンニク（つぶしたもの）……1片
E.V.オリーブ油a……20g
精製ラード、塩……各適量
E.V.オリーブ油b……15g
アサリのブロード（保温用）……適量

黒ダイコンb（薄切り）……12枚
マコモダケ（8等分）……2個
揚げ油、塩……各適量
シブレット（小口切り）……少量
E.V.オリーブ油c……6g

ココット焼き
①ココット鍋にニンニクとE.V.オリーブ油aを入れて熱し、香りを出す。タマネギを加えて蓋をし、弱火で10〜15分間蒸し焼きにする。
②エダ豆a、黒ダイコンa、ハマグリを入れる。蓋をして、ハマグリの殻が開くまで3〜5分間、蒸し焼きにする。
③フライパンに精製ラードをひき、ノドグロの皮を上にして入れ、塩をふる。皮を上にしてサラマンダーに入れ、熱源を最も近くにあてて焼く。六〜七分目に火を入れる。②のココット鍋に入れて蓋をし、客席でプレゼンテーションする。
④調理場に戻し、ハマグリを取り出して身を殻からはずし、温かいアサリのブロードに入れて保温する。ノドグロは調理皿にのせてサラマンダーで完全に火を入れる。ニンニクは除く。
⑤ココット鍋に残ったタマネギとエダ豆、黒ダイコン、煮汁をミキサーでピュレにし、別鍋に入れる。エダ豆bとE.V.オリーブ油bを加えて温め、塩で味をととのえてソースとする。

付け合わせ
⑥黒ダイコンとマコモダケをそれぞれ素揚げにし、塩をふる。

盛り付け
⑦器に野菜のソースを流し、ノドグロ、ハマグリを盛り合わせる。マコモダケをのせて黒ダイコンを散らし、シブレットをふってE.V.オリーブ油cを回しかける。

のどぐろの天火焼き、たで風味
"NODOGURO" al forno
→ P.56

材料[1人分]
ノドグロ（約50gの切り身）……1枚
塩……適量
モロヘイヤ……4〜6枚
E.V.オリーブ油a……適量

タデのソース[2人分]
タデの葉の汁[仕上がり量約60g。2人分20g]
　タデの葉a……50g
　水……60g
ワインと酢の煮つめ（仕上がり量約500g。2人分20g）
　白ワイン……1.5ℓ
　ホワイトバルサミコ酢……500g
バター……25g
塩……適量

フェンネルシード、紅タデ、ムラメ、花穂ジソ……各適量
タデの葉b……1枝
E.V.オリーブ油b……3g

ノドグロの天火焼き
①フライパンにE.V.オリーブ油aをひいて火にかけ、塩をしたノドグロを皮を上にしてのせる。フライパンの中の油を皮にかけながら1〜2分間焼く。フライパンに接する面が香ばしくきつね色に焼けて、すぐ上の身が厚さ5mmほど白く固まってきたらサラマンダーに移す。
②上部の熱源に近づけて、皮がチリチリと音を立ててくるまで焼く。20秒間ほどたてば、皮の下の脂やゼラチン質にも火が入り、ふっくらと焼き上がる。

モロヘイヤ
③モロヘイヤを30秒間ほど塩ゆでし、水気を絞る。

タデのソース
④タデの葉aと水をミキサーにかけてタデの葉の汁を作り、細かい目の網でこす。
⑤白ワインとホワイトバルサミコ酢を合わせて火にかけ、1/4量に煮つめる。
⑥⑤を20g鍋にとって温め、火を止めてバター25gと塩を加え混ぜる。バーミックスで撹拌し、④のタデの葉の汁を20g加えて撹拌する。

盛り付け
⑦器にタデのソースを敷き、中心にモロヘイヤを盛ってノドグロをのせる。皮の上にフェンネルシード、紅タデ、ムラメ、花穂ジソをのせ、タデの葉bを添える。E.V.オリーブ油bを回しかける。

Point
▶タデのソースは30〜35℃とややぬるめに仕上げる。熱いとタデの鮮やかな緑色が退色し、劣化した茶葉のような香りが出てくる。
▶フェンネルシードを添えると清涼感があって口の中がリフレッシュされ、皮の下の脂やゼラチン質をくどく感じない。

石鯛のポワレ、花ズッキーニ添え
"ISHIDAI" in padella con fiore di zucchina
→P.58

材料[1人分]
イシダイ(40gの切り身)……1枚
塩……適量
花ズッキーニ(雄花)……1個
ヴァイオレットアスパラガス……1本
精製ラード……適量
アオサノリ(生)a……適量
揚げ油……適量

ソース[2人分]
イシダイの頭と中骨……1尾分
アサリのブロード……360g
アオサノリ(生)b……40g
塩……適量
太白ゴマ油……6g

塩……適量
E.V.オリーブ油……適量

アオサノリのシート
①クッキングシートにアオサノリaを広げ、ラップ紙をかぶせてスケッパーでしごいて極薄にのばす。55℃のウォーマーに1時間入れて乾かし、適宜の大きさに割る。160℃の揚げ油にさっとくぐらせて香りを立たせる。

イシダイのポワレ
②フライパンに精製ラードをひいて火にかけ、塩をしたイシダイを皮を下にして入れる。重しをのせて7〜8分焼く。
③皮を下にして調理皿に取り出し、身の上に①のアオサノリのシートをのせる。ズッキーニの花びらをかぶせ、花びらに精製ラードを薄くぬる。サラマンダーで約1分間火を入れ、花びらをしんなりとさせる。

ヴァイオレットアスパラガス
④ヴァイオレットアスパラガスを掃除して4等分する。精製ラードをひいたフライパンに入れて、柔らかくなるまで焼く。

ソース
⑤イシダイの頭と中骨を水洗いして炭火で軽くあぶる。アサリのブロードを温めたところに入れ、20〜30分間煮出してこす。
⑥⑤のブロードにアオサノリbを加えて3分間煮出し、ペーパータオルでこして塩と太白ゴマ油で調味する。

盛り付け
⑦皿にヴァイオレットアスパラガスを並べて塩をふり、イシダイのポワレをズッキーニの花とともに盛る。周りにソースを流し、E.V.オリーブ油を回しかける。

甘鯛のうろこ焼き、香草風味
"AMADAI" croccante alle erbe
→P.60

材料
アマダイの蒸し焼き[8人分]
アマダイ(ウロコ付き)……1尾
塩水(塩分濃度約3%)……適量
桜葉の塩漬け(冷凍品を解凍。半割り)……8枚
太白ゴマ油……適量
塩……適量

ユリ根のピュレ[作りやすい分量。1人分小さじ1]
ユリ根……1個
バター……適量
塩……適量

黒キャベツのソース[8人分]
黒キャベツ*(ざく切り)……120g
アサリのブロード……120g
アマダイの頭と中骨……1尾分
バター……80g

E.V.オリーブ油……適量
ハーブ(イタリアンパセリ、セルフイユ、ディル、芽ネギ)……適量

*黒キャベツ⇒トスカーナ州特産のキャベツで葉は結球せず、黒みがかった緑色からその名がある。

アマダイの蒸し焼き
①アマダイは内臓を抜き、ウロコを付けたまま水洗いしてから塩水でやさしく洗う。水気を軽くふいてペーパータオル

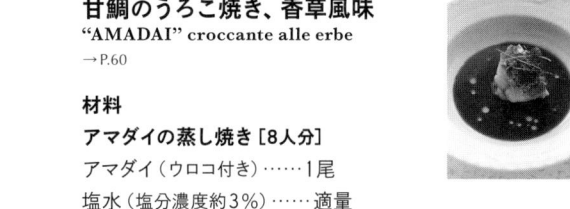

で巻き、ラップ紙で包む。2〜4日間ほど冷蔵庫で熟成させる。
②アマダイを3枚におろし、フィレ1枚を4等分して45〜50gの切り身にする。水を少量張ったバットにウロコを下にしておき、身に塩をふる。30〜40分間おいてウロコに水分をよく含ませつつ、身から余分な水分を出す。
③フライパンに太白ゴマ油を多めに入れて高温に熱し、ウロコを下にしてアマダイを入れる。桜葉も油にさっと通して香りを移し、アマダイの身にのせる。ウロコが立ったら、フライパンごと約180℃のオーブンで3分間ほど蒸し焼きにする。
④桜葉を取り除き、アマダイのウロコを下にしてペーパータオルにのせ、余分な油をきる。

ユリ根のピュレ
⑤ユリ根の鱗片を1枚ずつばらして汚れを取り、柔らかく塩ゆでする。
⑥水気をふいて裏ごしし、鍋に入れて温めながらバターと塩で味をととのえる。

黒キャベツのソース
⑦アマダイの頭と中骨を水洗いして炭火で軽くあぶる。アサリのブロードを温めたところに入れ、20〜30分間煮出してこす。
⑧黒キャベツを柔らかく塩ゆでする。軽く水気をきってジュースミキサーに入れ、⑦のブロードを加えて攪拌し、こす。鍋に入れて温め、バターでつなぐ。

盛り付け
⑨器の中央にユリ根のピュレを盛り、アマダイのウロコを上にしてのせる。周りに黒キャベツのソースを流し、E.V.オリーブ油を少量回しかける。アマダイの上にハーブを盛る。

おこぜのポワレ、夏ポルチーニ添え
"OKOZE" in padella con funghi porcini
→P.62

材料 [4人分]
オコゼ（500g）……1尾
アユの魚醤……小さじ2
ニンニク（すりおろしたもの）……1/2片分
精製ラードa……大さじ2
精製ラードb……適量

シジミのジュ [8人分]
シジミ（殻付き）……500g
バター……32g
シェリーヴィネガー……40g

ポルチーニのソテー
ポルチーニ……240g
ニンニク風味の澄ましバター（P.161）……適量
エシャロット（みじん切り）……適量
イタリアンパセリ（みじん切り）……適量
塩……適量

オコゼのポワレ
①オコゼは内臓を取り出し、肝臓、胃袋、真子（または白子）を取りおく。ヒレの先端を切り落とし、頭とカマをそれぞれ身から切り離して、頭は縦半分に切る。身を3枚におろし、2等分する。
②オコゼ（切り身、頭、カマ、内臓）をアユの魚醤で軽くマリネしたのち、ニンニクと精製ラードaを混ぜたものをまぶして30分間おく。
③フライパンに精製ラードbを熱し、切り身、頭、カマをそれぞれ皮を下にして入れ、ポワレする。まぶしたアユの魚醤やニンニク、精製ラードが焦げないよう、弱めの中火でじっくりと焼く。形のいびつな頭とカマは頻繁に向きを変えて均一に火を入れる。8割方焼けたら裏に返し、サラマンダーに移して約1分間火を入れる。
④直火に戻し、フライパンに内臓を入れてさっとソテーする。

シジミのジュ
⑤ココット鍋にシジミを入れ、蓋をして蒸し煮にする。殻が開いたら殻をはずし、鍋にたまった汁に身を入れる。弱火でしばらく煮出し、ペーパータオルでこす（仕上がり量約120g）。
⑥⑤のジュを温め、バター、シェリーヴィネガーを加えて1/2量に煮つめる。

ポルチーニのソテー
⑦ポルチーニを掃除してひと口大に切る。ニンニク風味の澄ましバターでソテーし、火が通ってきたらエシャロットをふり入れてさらに炒め、仕上げにイタリアンパセリと塩をふる。

盛り付け
⑧器に切り身1枚と頭（またはカマ）1個、内臓を適宜盛り合わせる。シジミのジュを流し、ポルチーニのソテーを添える。

くえの炭火焼き、石川いも添え、パッシート風味
Cernia alla brace
→P.63

材料 [1人分]
クエ（骨付きの切り身*）……30〜40g
アユの魚醤……適量
網脂*……適量
エストラゴン（みじん切り）……少量
アサリのブロード……適量

石川イモのソテー
石川イモ（大型の輪切り）……2枚
精製ラード……適量
塩……少量

パッシートのソース

ソースのベース［仕上がり量約350g。1人分15g］
- パンチェッタ（みじん切り）……100g
- エシャロット（みじん切り）……50g
- キノコのデュクセル（P.161）……5g
- パッシート*……200g
- スーゴ・ディ・カルネ……600g

シェリーヴィネガー……4g
バター……4g
塩……少量

パッシートの泡［作りやすい分量］

パッシート……25g
水……75g
レシチン……5g

花穂ジソ……少量

*クエ⇒エラ、内臓、中骨以外の部位はほぼ使える。写真の料理では、ひと口大に切り分けた頭、アゴ、胸ビレ、フィレの4つの部位を骨付きで使用。
*網脂⇒きれいに水洗いし、太い筋の少ない薄い部分を適宜切り分けて使う。
*パッシート⇒収穫後のブドウを乾燥させ、糖度を上げて醸造した甘口ワイン。

クエの炭火焼きと蒸しもの

①クエ（頭、アゴ、胸ビレ、フィレ）をすべてアユの魚醤で30分間マリネする。
②フィレの身の側にエストラゴンをのせて網脂で包み、楊枝で止める。炭火で網焼きし、脂を落としながら10分間ほどかけて香りよく仕上げる。
③頭、アゴ、胸ビレをバットに入れてアサリのブロードを少量かけ、ラップ紙で覆って蒸し器で15分間ほど蒸す。

石川イモのソテー

④石川イモを皮付きで柔らかくなるまで塩ゆでする。皮をむいて4等分の輪切りにする。
⑤精製ラードで両面を焼き、塩をふる。

パッシートのソース

⑥ソースのベースを作る。鍋でパンチェッタを炒め、脂が溶けてきたらエシャロットを加えて炒める。キノコのデュクセルを加えて炒め、脂が回ったらパッシートを入れてアルコール分を飛ばす。スーゴ・ディ・カルネを加えて煮つめ、こしておく（仕上がり量350g）。
⑦ソースのベースから15gを鍋にとって温め、シェリーヴィネガー、バター、塩を加えて味をととのえる。

パッシートの泡

⑧パッシート、水、レシチンを混ぜ、エアレーション*で空気を入れて泡を作る。

盛り付け

⑨器全体にソースを流し、中央に石川イモを並べてクエの身を盛り合わせる。中央にパッシートの泡を盛り、花穂ジソを飾る。

*エアレーション⇒水槽などで使われる空気を送り込む器具。

平鱸のアル・サーレと早春の野菜
Spigola al sale
→P.64

材料［2人分］

ヒラスズキ（皮付き。筒切り）……150g
粗塩……1.5kg
卵白……80g
ワカメ（生）……ひとつかみ
昆布（もどしたもの。10～15cm四方）……2枚
塩……少量

ソース

ソースのベース［仕上がり量約500g。2人分24g］
- 白ワイン……1.5ℓ
- ホワイトバルサミコ酢……500g

バター……20g
レモン果汁……1/8個分
シェリーヴィネガー……8g
塩……少量

山菜と野菜

ツクシ……2本
コシアブラ……2本
芽カンゾウ……2本
ウルイ……2本
ノビル……2本
コゴミ……2本
田ゼリ……2本
芽カブ（ミニ野菜）……2本

白髪ネギ*……適量
エストラゴンの葉……適量
E.V.オリーブ油……6g

*白髪ねぎ⇒ネギの白い部分をせん切りにし、水にさらしたもの。

ヒラスズキ

①ヒラスズキに軽く塩をふり、クッキングシートで包む。
②ボウルに粗塩と卵白を入れ、手でよく混ぜる。
③ココット鍋にワカメを敷き、②の粗塩の半量と昆布1枚を重ね、紙包みのヒラスズキをのせる。さらに昆布1枚をのせ、残りの粗塩で覆う（蓋はしない）。
④210～220℃のオーブンで15～20分間蒸し焼きにしたのち、温かいところに15～20分間おいて余熱で火を入れる。

ソース

⑤白ワインとホワイトバルサミコ酢を鍋に合わせ、1/4量に煮つめる。
⑥⑤から24gを鍋にとって温め、バター、レモン果汁、シェリーヴィネガーを順に加え、塩で味をととのえる。

山菜と野菜
⑦山菜と野菜をすべて塩ゆでする。ツクシがもっともアクが強いので、最初に湯に入れ、時間差をつけて他の材料を入れて同時にゆで上げる。水気をふき取る。

盛り付け
⑧塩の塊からヒラスズキを取り出し、中骨を境にして2枚に分ける。端は塩分が入りすぎていることがあるので適宜切り落とす。
⑨器に山菜と野菜を敷き、ヒラスズキをのせてソースをかける。ヒラスズキの上に白髪ネギとエストラゴンの葉を盛り、E.V.オリーブ油を回しかける。

て15〜20分間蒸し煮にする。

ソース
③石川イモを皮付きで柔らかく蒸し、皮をむく。
④ニンニクをE.V.オリーブ油bで炒め、香りが出てきたらギンナン、マテ貝の身、セミドライトマト、黒オリーブ、ケイパー、タイム、マテ貝のブロードを入れ、2〜3分間煮る。最後に石川イモを入れて温める。

盛り付け
⑤器にワカメとアオサノリを敷き、キンキを4等分（1人分片身1/2枚）にして盛る。具とともにソースをかけ、E.V.オリーブ油cをたらしてシブレットを散らす。

きんきの海藻ココット蒸し
"KINKI" in cocotte alle alghe
→P.66

材料 [4人分]
キンキ（約450g）……1尾
海藻＊
　ワカメ（生。ざく切り）……400g
　昆布（もどしたもの。10×20cm）……2枚
　アオサノリ（生）……30g
　フノリ（乾燥品または塩蔵品をもどしたもの）……20g
　テングサ（乾燥品をもどしたもの）……20g
アサリのブロード……30g
E.V.オリーブ油a……12g
塩……適量

ソース [2人分]
マテ貝の身（さっと火を通したもの。P.160）……4個
マテ貝のブロード（P.160）……30g
石川イモ（皮付き）……2個
ギンナン（殻と薄皮をむいたもの）……6個
セミドライトマト（P.161。半割）……6個
黒オリーブ……4個
ケイパー……5g
タイム……2枝
ニンニク（つぶしたもの）……1片
E.V.オリーブ油b……15g

E.V.オリーブ油c……6g
シブレット（小口切り）……適量

＊海藻⇒ワカメとアオサノリ、昆布は必須。フノリ、テングサはあれば使う。あるいは他の種類の海藻に変えてもよい。

キンキのココット蒸し
①キンキに塩をふる。ココット鍋にワカメとアオサノリの各半量を敷き、昆布1枚をのせる。キンキをおき、E.V.オリーブ油aをふりかけ、昆布1枚をかぶせる。残りのワカメとアオサノリ、さらにフノリとテングサをのせてアサリのブロードをかける。
②蓋をして中火にかけ、水蒸気が上がってきたら弱火にし

真鱈白子のフライパン焼き、からすみとラディッキオ添え
Latte di pesce alla bottarga in padella con radicchio
→P.68

材料 [1人分]
白子のカダイフ巻き
白子（マダラ）……30g
塩……適量
カダイフ＊……適量
バター……適量

ラディッキオのグリル
ラディッキオ・ロッソ＊……1/2本
精製ラード……適量
塩……適量

スダチのチップス
スダチ（薄切り）……2枚
トレハロース＊……適量

シブレット（小口切り）……適量
カラスミ＊……12g

＊カダイフ⇒トルコなどの中東で食される、小麦粉でできた細い麺状の生地。冷凍で流通。常温で半解凍にしてから調理する。
＊ラディッキオ・ロッソ⇒赤チコリの1品種で、ラディッキオ・ロッソ・ディ・トレヴィーゾ〈タルディーヴォ〉を使用。タルディーヴォは晩生種のこと。
＊トレハロース⇒デンプンなどから抽出される糖質で作られた甘味料。
＊カラスミ⇒乾燥度が中クラスのタイプを使用。薄皮をむいて冷蔵庫に2〜3日おき、表面を軽く乾かしたものを盛り付け直前にスライスする。時間をおくと水分が抜けてねっとりした触感が失われる。

白子のカダイフ巻き
①白子に塩をふり、薄く広げたカダイフで巻く。
②フライパンにバターを溶かして白子を入れ、バターを回しかけながら焼く。表面のカダイフはパリッと、白子はミディアムレアに焼き上げる。

ラディッキオ・ロッソのグリル
③ラディッキオ・ロッソを縦半分に切る。精製ラードをまぶし、炭火でじっくりグリルして塩をふる。

スダチのチップス
④スダチをスライサーで1個分10〜12枚の薄い輪切りにし、バットに並べる。
⑤トレハロースを薄くまぶし、60℃のウォーマーで2時間乾燥させる。

仕上げ&盛り付け
⑥盛り付けの直前に、カラスミをトリュフスライサーでごく薄く削る。
⑦白子のカダイフ巻きを器に盛り、シブレットをふりかけてカラスミをたっぷりと盛る。ラディッキオ・ロッソとスダチのチップスを添える。

Point
▶白子には直接火をあてず、間接的に加熱するのがアロマフレスカ流。ミディアムレアに焼き上げてこそ、柔らかな白子の醍醐味が味わえる。

---

carni
肉料理

和牛のビステッカ、アロマフレスカスタイル
Bistecca alla "Aroma Fresca"
→ P.70

材料[2人分]
牛サーロイン（厚さ4〜5cm）……200g強
塩、コショウ……各適量

ルーコラのサラダ
ルーコラ・セルヴァーティカ……適量
デュカスパイス［作りやすい分量。適量を使用］
　塩……18g
　白ゴマ（炒ったもの）……20g
　コリアンダーシード……10g
　クミンシード……5g
　ブラウンマスタードシード……5g
　ヘーゼルナッツ（ローストして粗く刻んだもの）……20g
レモン果汁……適量
E.V.オリーブ油……適量

薬味［作りやすい分量。1人分各小さじ1］
青トマトのモスタルダ風
　サルサ・ディ・ポモドーリ・ヴェルディ＊……220g
　粒マスタード……20g
プルーンのモスタルダ風
　サルサ・ディ・プルーニャ＊……220g
　粒マスタード……20g

レフォール
　レフォール（すりおろしたもの）……100g
　E.V.オリーブ油……30g
ニンニクのコンフィ（P.161）……1人分小さじ1
粗塩（イギリス・マルドン産）……少量

＊サルサ・ディ・ポモドーリ・ヴェルディ⇒マスタード風味の青トマトのソース。イタリア産の市販品。
＊サルサ・ディ・プルーニャ⇒マスタード風味のプルーンのソース。イタリア産の市販品。

ビステッカ
①牛肉は周囲の脂身などを切り落として200g分を用意する。塩とコショウをふり、30分間以上おいて味をしみ込ませながら常温にもどす。
②上下の面をそれぞれ1分30秒、側面全体を約1分間、順次炭火で焼いたのち、金網を敷いたバットにのせてヒートランプの下など温かいところで1時間やすませる。途中で15〜20分間ごとに上下左右を返し、余熱で芯まで均等に火を入れる。
③表面に浮き出た水分と脂を飛ばす程度に、上下の面を約1分間ずつ炭火で焼く。
④側面を薄く切り落とし、厚みが半分になるよう水平に切る。

ルーコラのサラダ
⑤デュカスパイスの材料を混ぜる。
⑥ルーコラ・セルヴァーティカをデュカスパイス、レモン果汁、E.V.オリーブ油で和える。

薬味
⑦サルサ・ディ・ポモドーリ・ヴェルディとサルサ・ディ・プルーニャをそれぞれ130gに煮つめ、粒マスタードと混ぜ合わせる。
⑧レフォールとE.V.オリーブ油を混ぜる。
⑨ニンニクのコンフィは裏ごしにする。

盛り付け
⑩器にルーコラのサラダを盛り、4種の薬味と粗塩を添える。ビステッカの切り口を上にして盛る。

ほろほろ鳥のラグーとポルチーニのガルガネッリ
Garganelli al ragù di faraona con funghi porcini
→ P.73

材料
ガルガネッリ［22人分。1人分5〜6個］
強力粉……250g
00粉……150g
全卵……2個
卵黄……3個分
塩……少量
E.V.オリーブ油……少量

ホロホロ鳥のラグー [18〜20人分]
ホロホロ鳥もも肉（骨付き）……6本
ソッフリット（P.161）……200g
ニンニク（みじん切り）……小さじ2
ローズマリー……1枝
セージ……1枝
白ワイン……500g
鶏のブロード……1ℓ
トマトソース……100g
E.V.オリーブ油……少量
精製ラード……適量
塩、コショウ、強力粉……各適量

仕上げ [1人分]
ポルチーニ……40g
バター……適量
パルミジャーノ……大さじ1/2
イタリアンパセリ（みじん切り）……適量
ペコリーノ・ロマーノ（薄切り）……4g

ガルガネッリ
①ガルガネッリ用の材料を混ぜ、塊になったら台の上でよくこねる。ビニール袋で包み、常温で30分間以上やすませて再度こねる。この工程をあと4回ほど繰り返す。
②生地を厚さ1.5mm前後にのばし、4cm四方に切る。ガルガネッリ専用の道具で筒状に丸める。乾いた布で挟んで密閉容器に入れ、冷蔵庫で保管して当日中に使いきる。

ホロホロ鳥のラグー
③ホロホロ鳥もも肉の骨に沿って包丁で切り目を入れる。塩、コショウ、強力粉をまぶし、精製ラードで表面を香ばしく焼く。
④鍋にE.V.オリーブ油とニンニクを入れて炒め、香りが出てきたらローズマリー、セージを入れてさらに炒め、香りを出す。ソッフリットを入れてなじませ、白ワインを注いでアルコール分を飛ばす。
⑤焼いたホロホロ鳥を入れ、鶏のブロードとトマトソースを加えて沸かし、180℃のオーブンで蓋をせずに1時間30分煮込む。
⑥ホロホロ鶏の骨をはずし、肉を手で細かくさく。ローズマリーとセージの軸を取り除く。

仕上げ&盛り付け
⑦ガルガネッリを塩湯で7〜8分間ゆでる。
⑧ポルチーニを厚めにスライスし、バターで炒める。火が通ったらホロホロ鳥のラグーを加え、続けてガルガネッリの湯をきって加え、和える。パルミジャーノとイタリアンパセリをふって和える。
⑨器に盛り、ペコリーノ・ロマーノをのせる。

Point
▶ガルガネッリの成形は、生地を転がす際に中心に強く力を入れ、中央の重なり部分と左右の端が同じ厚さになるようにする。
▶肉のパスタソースは大きな塊肉で煮込み、手でほぐす。包丁で切ったものを煮たり、煮上がってから包丁で切ったりするよりパスタにからみやすく、味の面でも贅沢感が出る。

仔うさぎと新ごぼう、ルーコラのタリアテッレ
Tagliatelle al ragù di coniglio con bardana
→P.74

材料
タリアテッレ [約20人分。1人分25g]
強力粉……150g
00粉……250g
全卵……2個
卵黄……3個分
E.V.オリーブ油……5g
塩……1〜2g
強力粉（打ち粉用）……適量

仔ウサギのラグー [約20人分。1人分75g]
仔ウサギもも肉（骨付き）……2.4kg
ソッフリット（P.161）……300g
ニンニク……15g
セージ……2枝
ローズマリー……2枝
白ワイン……600g
トマトソース……120g
鶏のブロード……1ℓ
E.V.オリーブ油……適量
塩、コショウ、強力粉、精製ラード……各適量

仕上げ [1人分]
新ゴボウ（皮付きのささがき）……10g
精製ラード……適量
バター……10g
パルミジャーノ……2g
ルーコラ……5g
イタリアンパセリ（ざく切り）……適量

タリアテッレ
①打ち粉用強力粉を除く材料を混ぜ、塊になったら台の上でよくこねる。ビニール袋で包み、常温で30分間以上やすませて再度こねる。この工程をあと2〜3回繰り返す。
②パスタマシンで厚さ1.7mmのシートにのばし、幅4mm×長さ18cmにカットする。強力粉で打ち粉をして、密閉容器に入れて冷蔵庫で保管する。

仔ウサギのラグー
③仔ウサギもも肉は骨に沿って包丁で切り目を入れる。塩、コショウ、強力粉をまぶし、精製ラードで表面を焼いておく。
④鍋にニンニクとE.V.オリーブ油を入れて炒め、香りが出

てきたらセージとローズマリー、ソッフリットを入れて、さらに炒める。香りが出てきたら白ワインを入れてアルコール分を飛ばし、トマトソースと鶏のブロードを入れる。焼いた仔ウサギ肉を入れて沸騰したらアクを取り、蓋をしないで180℃のオーブンで1時間20分煮込む。
⑤表面に浮いた脂を除き、仔ウサギ肉を取り出して骨を除き、肉を手で小さくほぐして煮汁に戻す。

新ゴボウ
⑥ゴボウは皮付きのままよく洗い、ささがきにして水に浸け、アクを除く。

仕上げ&盛り付け
⑦タリアテッレを塩湯でゆでる。
⑧フライパンに精製ラードを溶かしてゴボウを炒め、色づいてきたら仔ウサギのラグーを入れて温める。タリアテッレの湯をきって加え、和える。バター、パルミジャーノ、ルーコラを加えて和え、器に盛り、イタリアンパセリをのせる。

和牛しっぽとふきのとうのピーチ
Pici al ragù di coda di bue
→ P.75

材料
ピーチ [20人分。1人分20g]
強力粉……300g
ぬるま湯……110g
塩……1.5g
E.V. オリーブ油……4g
強力粉(打ち粉用)……適量

ラグー [15〜18人分。1人分60g]
牛尾(和牛)……2kg
白ワイン……750g
ソッフリット(P.161)……200g
セージ(ドライ)……2g
ローズマリー(ドライ)……2g
トマトソース……75g
鶏のブロード……1ℓ
ニンニク(みじん切り)……10g
E.V. オリーブ油……少量
塩、コショウ、強力粉、精製ラード……各適量

赤ワインソース [20人分。1人分1g]
ハチミツ……30g
赤ワイン……150g
ジュニパーベリー……5粒
八角……1個
ローズマリー……1/3枝

仕上げ [1人分]
バター……10g
パルミジャーノ……4g
フキノトウ……1/2個

イタリアンパセリ(粗みじん切り)……適量
粗挽き黒コショウ……適量
揚げ油……適量

ピーチ
①打ち粉用の強力粉を除く材料を混ぜ、塊になったら台の上でよくこねる。ビニール袋で包み、常温で30分間以上やすませてから再度こねる。この工程をあと2〜3回繰り返す。
②パスタマシンで厚さ4mmのシートにのばし、幅4mm×長さ10cmにカットする。台の上で、1本ずつ転がしながら長さ18cmにのばしてピーチにする。強力粉で打ち粉をして、密閉容器に入れて冷蔵庫で保管する。

ラグー
③牛尾を関節で輪切りにする(脂は付けておく)。塩、コショウ、強力粉をまぶし、精製ラードで表面を焼いておく。
④鍋にニンニクとE.V. オリーブ油を入れて炒め、香りが出てきたらセージとローズマリー、ソッフリットを入れて、さらに炒める。香りが出てきたら白ワインを入れてアルコール分を飛ばし、トマトソースと鶏のブロードを入れる。焼いた牛尾を入れ、沸騰したらアクを取り、蓋をしないで170℃のオーブンで4時間煮込む。
⑤表面に浮いた脂を除き、牛尾を取り出す。脂と骨を取り除き、肉を手でほぐして煮汁に戻す。

赤ワインソース
⑥鍋にハチミツを入れて弱火にかけ、香りを出す。スパイス(ジュニパーベリー、八角、ローズマリー)を加えてさらに火を入れ、香りが出てきたら赤ワインを加える。
⑦⑥を焦がさないように気をつけながら20gまで煮つめて、こす。

仕上げ&盛り付け
⑧ピーチを塩湯でゆでる。
⑨フキノトウの芯を除き、ほぐして素揚げにする。
⑩赤ワインソースを小鍋にとり、軽く温めて柔らかくする。
⑪ラグーを鍋にとって温め、バターを加え混ぜる。ピーチの湯をきって加え、和える。パルミジャーノの半量をふって和え、器に盛って残りのパルミジャーノをふる。素揚げにしたフキノトウ、イタリアンパセリ、粗挽き黒コショウを全体にふり、赤ワインソースをピーチの脇にぬる。

桜肉のカルパッチョ仕立て、プンタレッラ添え
Carpaccio di cavallo
→ P.76

材料 [1人分]
馬肉*(15gの薄切り)……3枚
エシャロット(みじん切り)……適量
アユの魚醤……適量
プンタレッラ……適量

馬のタテガミのラルド＊（P.161）……5g
パルミジャーノ（薄切り）……4g
黒コショウ……適量
シブレット（小口切り）……適量

ソース［10人分］
> ケイパー（みじん切り）……30g
> アンチョビ（みじん切り）……20g
> E.V.オリーブ油……50g

＊馬肉⇒熊本県で飼育されているノルマン種の馬肉のもも肉。ロース肉でもよい。生食用のものを、「生食用食肉の衛生基準」に基づいて管理・調理する。
＊馬のタテガミのラルド⇒タテガミは馬の背脂。ラルド（塩漬け）に加工したものを、この料理では冷凍してすりおろして使う。

プンタレッラ
①プンタレッラの中心の花茎を縦半分に切り、ピーラーで繊維に沿って細くさく。周りの茎も同様に細くさく。水にさらすとアクが出て黒くなるので、2～3回水を取り替えてパリッとさせる。水気をよくきっておく。

ソース
②ケイパー、アンチョビ、E.V.オリーブ油を混ぜる。

仕上げ&盛り付け
③エシャロットをひたひたの量のアユの魚醤で和える。
④器に③のエシャロットを1gずつ3カ所に盛り、上に馬肉を1枚ずつのせる。全体にプンタレッラ、馬のタテガミのラルド、パルミジャーノを散らし、黒コショウをふる。馬肉の上にシブレットをのせ、ソースを点々とたらす。

仔山羊のスパイス塩ロースト、新ゆり根とフォンティーナ、秋トリュフ風味
Arrosto di capretto alle spezie con tartufo autunno
→P.77

材料［2人分］
仔ヤギ肉（骨付き。ロースとすね肉）……計250g
タマネギ（皮付き。くし形切り）……2/3個分
ニンニク（皮付き。つぶしたもの）……4片
タイム……6枝
精製ラード……適量

スパイス塩
> 岩塩……400g
> ローズマリー……1枝
> ローリエ……1枚
> 白粒コショウ……10g
> 黒粒コショウ……10g
> 緑粒コショウ（ドライ）……5g
> コリアンダーシード……7g

ユリ根のピュレ
ユリ根……20g
バター……2g
塩……少量

フォンティーナ＊（4gの薄切り）……2枚
秋トリュフ（薄切り）……6g
E.V.オリーブ油……適量

＊フォンティーナ⇒ヴァッレ・ダオスタ州産の牛乳製セミハードチーズ。

スパイス塩
①スパイス塩の材料をすべて合わせ、約100g分をミキサーで粉末状に粉砕する。このうち2gずつを肉の下味と盛り付け用に使い、残りを粉砕していないスパイス塩と混ぜる（ロースト時に使用）。

仔ヤギのロースト
②粉末状のスパイス塩を仔ヤギ肉にまぶす。
③ココット鍋に精製ラードをひいてニンニクを炒め、香りが出てきたら取り出す（④で使うまで取りおく）。仔ヤギ肉を入れて脂をかけながら焼く。途中でタイムを入れ、再び脂をかけながら両面に焼き色がつくまで焼く。仔ヤギ肉とタイムを取り出して温かいところでやすませる。
④ココット鍋の脂を捨て、スパイス塩を敷いてタマネギと取りおいたニンニクを入れる。蓋をしないで200℃のオーブンで15～20分間焼く。タマネギが色づいていれば③で取り出したタイムと仔ヤギ肉をのせて蓋をし、直火で3～4分間蒸し焼きにする（これを客席でプレゼンテーション）。

ユリ根のピュレ
⑤ユリ根を掃除して柔らかく塩ゆでし、裏ごししてピュレにする。弱火にかけ、バターと塩を混ぜる。

盛り付け
⑥仔ヤギ肉のロースはあばら骨を肉に残して背骨を切り落とす。
⑦タマネギは皮をむき、ニンニクは皮付きで器におき、仔ヤギ肉のロースとすね肉を盛る。脇にフォンティーナをおき、上に温かいユリ根のピュレと秋トリュフを盛る。E.V.オリーブ油をたらし、粉末状のスパイス塩を添える。

Point
▶ヤギは臭みがあるイメージが強いが、臭みは肉を覆っている薄膜や脂周りにあることが多く、下処理できちんと取り除いておけば肉に臭みを感じることはない。

うずらの炙り焼き、黒トリュフと花椒風味
Arrosto di quaglia
→P.78

材料［2人分］
ウズラ肉……1羽
塩……適量

精製ラード……適量

ソース
ソースのベース［マリネ用適量。ソース用2人分30g］
　パンチェッタ（粗みじん切り）……100g
　花椒*（青、ホール）……5g
　エシャロット（みじん切り）……50g
　ホワイトバルサミコ酢……200g
　スーゴ・ディ・カルネ……600g
バター……2人分5g

マッシュポテト
ジャガイモ（インカのめざめ*）……80g
バター……5g
黒トリュフ（みじん切り）……5g
塩……少量

ネギのブロード煮
白ネギ（松本一本ねぎ*、長さ5㎝）……4本
アサリのブロード……60g
バター……5g

付け合わせ［1人分］
ウズラの内臓（砂肝、心臓、レバー）……2人分各1個
ソラ豆（さやをむいたもの）……2個
アピオス*……2個
ユリ根……2片
揚げ油、塩……各適量

*花椒⇒ホワジャオ。中国山椒の実を乾燥させた香辛料。しびれるような刺激が特徴で、赤と青がある。青は清涼感があるシャープな香り。
*インカのめざめ⇒北海道で栽培されるジャガイモの一品種。濃い黄色と栗に似た甘い風味が特徴。
*松本一本ねぎ⇒長野県松本市の伝統野菜。甘みと柔らかさが身上の白ネギ。
*アピオス⇒アメリカホドイモ。マメ科の植物で、地下茎の小粒のイモを食用にする。

ソース
①パンチェッタ、花椒、エシャロットを鍋に入れて炒め、香りが出てきたらホワイトバルサミコ酢を加える。沸いてきたらスーゴ・ディ・カルネを加え、1/4量に煮つめてこす（仕上がり量200g）。

ウズラ肉のあぶり焼き
②ウズラ肉の胸に切り目を入れて背骨、あばら骨などを除き1枚開きにする。手羽先を落とし、ももの上部の骨を抜く。
③両面に塩をふって20～30分間マリネし、次に両面にソースをまぶしつけて15～20分間マリネする。
④フライパンに精製ラードを入れて金網をおき、ウズラ肉の皮を上にしてのせる。フライパンにたまっている高温の脂を肉にかけ続け、途中で肉を裏返しにして、両面ともに茶色に色づくまで計2～3分間焼く。金網ごとバットにのせ、温かいところで10分間強やすませ、余熱で火を入れる。
⑤提供直前にサラマンダーか炭火の上で両面をあぶる。

マッシュポテト
⑥ジャガイモを皮付きで柔らかく塩ゆでし、皮をむいて鍋に入れ、火にかける。
⑦ジャガイモを軽くつぶし、バターと黒トリュフ、塩を混ぜる。

ネギのブロード煮
⑧ココット鍋にアサリのブロードと白ネギを入れて蓋をし、15分間ほど蒸し煮にする。バターを加えて再び蓋をして5分間煮る。
⑨蓋をはずし、煮汁を煮つめながらネギにからめ、焼き色もつける（ここまで調理すると甘みが最大限に引き出せる）。

付け合わせ
⑩ウズラの内臓（砂肝、心臓、レバー）を掃除し、塩をふって素揚げにする。それぞれ2等分する。
⑪ソラ豆、アピオス、ユリ根をそれぞれ素揚げにし、塩をふる。

仕上げ&盛り付け
⑫ソースのベース30g分を鍋にとり、火にかけてバターを加えてつなぐ。
⑬ウズラ肉を2等分し、さらにもも肉と手羽元付きの胸肉に切り分ける。1個ずつ器に盛ってソースをかけ、ウズラの内臓、マッシュポテト、ネギのブロード煮、付け合わせ（ソラ豆、アピオス、ユリ根）を周りに並べる。

バスク仔豚のヴァリエーション
Varietà di gusti di maialino
→P.80

材料
◎ロース肉のあぶり焼きとバーニャカウダソース［8人分］
仔豚*リブロース肉（皮付き）
　……1本（1/2頭分）
ゆで汁
　水……1ℓ
　塩……17.5g（塩分濃度1.75％）

バーニャカウダソース［作りやすい分量］
ニンニク……60g
牛乳……90g
アンチョビ……50g
E.V. オリーブ油a……適量
バター……10g
E.V. オリーブ油b……90g
マジョラムの葉……2枝分
ローズマリーの葉　1枝分

◎もも肉のロースト［6人分］とソース［40人分］
仔豚もも肉（しんたま、または内もも肉）……1個
精製ラード……適量

ソース
パンチェッタ（粗みじん切り）……100g
エシャロット（みじん切り）……50g

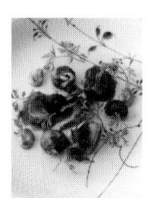

花椒＊（青、ホール）……5g
ホワイトバルサミコ酢……250g
スーゴ・ディ・カルネ……600g

◎ばら肉などの煮込み［80人分］
仔豚ともばら肉、頭肉、肩肉、すね肉など（皮と骨付きの部位）
　　……1/2頭分
ハチミツ……200g
赤ワインヴィネガー……1ℓ
スーゴ・ディ・カルネ……2ℓ
水……適量
ティー・マサラ＊……5g

付け合わせ［1人分］
生シイタケ……小2個
新ジャガイモ……小2個
ソラ豆……3粒
コゴミ……1本
ニンジンの葉……適量
塩、バター、揚げ油……各適量

＊仔豚⇒使用した仔豚肉は1頭7〜8kgのキントア豚（フランス・バスク産）で、仔豚の中でもかなり小型。
＊花椒⇒ホワジャオ。中国山椒の実を乾燥させた香辛料。赤と青の2種があり、青は清涼感があるシャープな香り。
＊ティー・マサラ⇒紅茶用ミックススパイス。シナモン、カルダモン、クローヴ、ジンジャー、ナッツメッグをブレンドしたもの。

ロース肉のあぶり焼きとバーニャカウダソース
①浅鍋にゆで汁用の塩水を沸かし、金網をおいて冷たいロース肉の皮面を下にしてのせる（皮だけが浸かるようにする）。5分間ほどゆでたのち、金網を除いてロース肉を塩水に沈め、1分間ゆでる。
②ロース肉を取り出し、皮面にミニ扇風機で風をあてて乾かす。半日は常温で、半日は冷蔵庫内に扇風機ごと入れて風をあてる。
③皮の面に焼肉用鉄針を深さ2mmほど刺して細かく穴をあける。調理皿にペーパータオルを敷き、皮面を上にして肉をおき、サラマンダーに入れる。熱源から最も遠い位置で8〜10分間焼き、脂をしみ出させる。次に熱源の真下に近づけて30秒ほど強火にあて、皮がパチパチとはじけるまで焼いてパリッとさせる。皮が焦げた部分があれば、削り落とす。
④バーニャカウダソースを作る。ニンニクを牛乳で柔らかくなるまで煮て水気をきり、アンチョビとともにE.V.オリーブ油aで炒める。バターと一緒にミキサーでピュレにする。鍋に戻してE.V.オリーブ油bとマジョラム、ローズマリーの葉を加え、きつね色に炒める。

もも肉のローストとソース
⑤フライパンに精製ラードを溶かしてもも肉を入れ、脂をかけながらゆっくりと約5分間焼いたのち、40分間ほどやすませる。
⑥ソースを作る。パンチェッタを炒め、香りが出てきたらエシャロットと花椒を入れて炒める。さらに香りが出てきたらホワイトバルサミコ酢を入れて沸かし、スーゴ・ディ・カルネを加えて1/5量に煮つめてこす（仕上がり量200g）。
⑦提供時にもも肉の表面をさっと焼いて温め、切り分ける。ソースも温める。

ばら肉などの煮込み
⑧ともばら肉、頭肉、肩肉、すね肉などの各部位を沸騰した湯に軽く通して皮を引き締め、毛を浮かせる。取り出して水分をふき、バーナーで毛を焼ききる。
⑨ココット鍋にハチミツを入れて温め、香りを出す。赤ワインヴィネガーを加えて半量に煮つめ、スーゴ・ディ・カルネと肉を入れて水をひたひたに加える。沸騰させてアクを除き、ティー・マサラを入れる。蓋をしてスチームコンベクションオーブン（120℃、湿度100％）で3時間煮込む。
⑩肉が温かいうちに骨を除き、粗熱を取って部位ごとに冷蔵庫で冷やし固める。煮汁は1/5量に煮つめてこす（仕上がり量約1ℓ）。
⑪提供時に煮込みの煮汁を人数分だけ鍋にとり、2/3量に煮つめて濃度をととのえる。肉は食べやすく切り分けてスチームコンベクションオーブンで温める。

付け合わせ
⑫生シイタケは湯通しし、新ジャガイモは塩ゆでして皮をむく。ソラ豆はさやをはずす。
⑬新ジャガイモをバターで色づくまでじっくりと焼く。ソラ豆とシイタケを入れて火が通るまで炒め、塩で調味する。
⑭コゴミを素揚げにする。

盛り付け
⑮3種類の肉を盛り、それぞれにソースをかける。シイタケ、新ジャガイモ、ソラ豆、コゴミを肉の合間に盛り、ニンジンの葉を散らす。

Point
▶ロース肉を焼く前に塩ゆでするのは、塩味をつけつつ軽く火を入れておく目的と、皮を乾燥しやすくするため。ゆでて風をあてると乾燥が進む。皮が十分に乾燥していることで、皮を焼いた時にはじけて、パリパリ、サクサクの食感が出る。
▶ロース肉の下ゆでの時間は肉の厚みによって変わるので、手で触った感触で時間を判断する。また、常温ではなく冷たい肉をゆでることで火の入りすぎを防ぐ。

窒息鳩の炙り焼き、花にらと夏トリュフ風味
Piccione alla brace con porro cinese
"HANA-NIRA" e tartufo estivo
→P.82

材料［2人分］
窒息鳩……1羽
花ニラ（長さ5cm）……80g
ウズラ卵……4個
精製ラード……適量

塩、コショウ……各適量

ソース [8人分]
鳩のガラ（背骨、あばら骨、手羽先、首づるなど）……4羽分
ニンニク（つぶしたもの）……1片
エシャロット（薄切り）……1片
水……適量
塩……適量

サマートリュフ（薄切り）……10g

鳩の下処理
①鳩の内臓を抜き、砂肝、心臓、肝臓は掃除して取りおく。皮に羽の芯が残っていれば毛抜きで抜く。
②ソース用の鳩のガラは、背骨やあばら骨など大きなものは粗く叩く。肉の付いた手羽先と首づるは200℃のオーブンで15分間ほど焼く。

鳩のあぶり焼き
③鳩肉に塩、コショウし、20～30分間おいて味をなじませながら常温にもどす。
④2cm四方の太い鉄の棒（特注品）を鳩の尻から刺す。鉄の棒を回転させながら、両胸、背、側面を少しずつ炭火にかざして焼く。肉の厚みの違いによって時間をかけたり、鉄の棒を立てたり斜めにしたりして（傾斜角度もいろいろに変える）、5分間ほどかけてまんべんなく焼く。
⑤温かいところで6～7分間やすませる。

ウズラ卵の温度玉子
⑥ウズラ卵を殻付きのままバットに入れ、65℃のスチームコンベクションオーブンで14分間火を入れ、温度玉子にする。

花ニラと鳩内臓のソテー
⑦花ニラを30秒間、塩ゆでする。フライパンに精製ラードを溶かし、取りおいた内臓（砂肝、心臓、肝臓）をさっと炒め、塩、コショウする。花ニラを加えて炒め、塩で味をととのえる。内臓はそれぞれ2等分にする。

ソース
⑧鍋に鳩のガラとニンニク、エシャロットを入れ、水をひたひたに注ぐ。沸騰させてアクを取り、弱火で約1時間煮出す。こして温め、塩で味をととのえる。

仕上げ&盛り付け
⑨提供直前に鳩肉を軽くあぶって温め、胸肉2枚と骨付きもも肉2本にさばく。
⑩器に花ニラと内臓のソテーを敷き、鳩胸肉ともも肉を1個ずつ盛る。温度玉子2個をのせてソースをかけ、サマートリュフを散らす。

仔うさぎの香草ロースト、狩猟風内臓ソース
Coniglio alla "ghiotta"
→P.84

材料 [4人分]
仔ウサギ肉＊（骨付き）……480g
フォワグラ（角切り）……60g
タイム……8枝
精製ラード……適量
塩、コショウ……各適量
新タマネギ（くし形切り）……120g
キクラゲ（生）……60g
E.V.オリーブ油……適量
塩……少量

ユリ根のピュレ
ユリ根……40g
バター……5g
塩……少量

サルサ・ギヨッタ [仕上がり量800～900g。1人分30g]
鶏レバー……500g
赤ワイン……750g
白ワイン……750g
赤ワインヴィネガー……250g
生ハム（薄切り）……100g
ニンニクのコンフィ（P.161）……4片
セージ……2枝
ローズマリー……2枝
ジュニパーベリー……20粒
ローリエ……2枚
レモンの果肉……1/2個分
スーゴ・ディ・カルネ……300g
E.V.オリーブ油……100g
黒コショウ……4g
花椒＊（赤。挽いたもの）……2g
塩……5g

タレッジョ＊（5gの薄切り）……4枚
粗挽き黒コショウ……少量
E.V.オリーブ油……適量

＊仔ウサギ肉⇒今回使ったのはロース肉、前足肉、もも肉。食べやすい大きさに切る。
＊花椒⇒ホワジャオ。中国山椒の実を乾燥させた香辛料。ピリピリとしびれるような刺激が特徴。赤と青があり、赤は花の香りを感じるようなソフトな香り。
＊タレッジョ⇒ロンバルディア州などイタリア北部一帯で作られるウォッシュタイプのチーズ。牛乳製。

サルサ・ギヨッタ
①鍋にE.V.オリーブ油20gを熱し、鶏レバーを入れて表面を焼き固める程度にさっと炒める。赤ワインと白ワインを加えてアルコール分を飛ばし、赤ワインヴィネガー、生ハム、ニンニクのコンフィ、セージ、ローズマリー、ジュニパーベリー、ローリエ、レモンの果肉、スーゴ・ディ・カルネを加える。

1/3量になるまで約1時間30分煮込む。
②黒コショウ、花椒、塩、E.V.オリーブ油80gを加え、フードプロセッサーでピュレにする。バットに広げて粗熱を取り、冷蔵庫で保管する。

仔ウサギのロースト
③仔ウサギ肉に塩、コショウする。フライパンに精製ラードを溶かし、タイムを入れて前足肉ともも肉を焼く。表面が焼き固まったら180℃のオーブンに入れ、ローストする。途中でロース肉を入れ、計5分間ほどかけて焼く。
④たまった油をペーパータオルでふき取り、再び火にかける。フォワグラを入れて溶かしながらウサギ肉にからめ、完全に溶けきる前にサルサ・ギョッタを加えてウサギ肉にからめる。このあとの余熱でちょうど火が入るようにする。

新タマネギとキクラゲ
⑤新タマネギとキクラゲを約30秒間、塩ゆでする。水気をきり、塩とE.V.オリーブ油で和える。

ユリ根のピュレ
⑥ユリ根を掃除して柔らかく塩ゆでし、裏ごしにかけてピュレにする。鍋に入れ、弱火にかけてバターと塩を混ぜる。

盛り付け
⑦器の中心にタレッジョを敷き、ユリ根のピュレをのせる。ウサギ肉をソースとともにバランスよく盛る。新タマネギとキクラゲを散らし、全体に粗挽き黒コショウとE.V.オリーブ油を回しかける。ローストに使ったタイムの枝を飾る。

蝦夷鹿のロースト、冬のきのこ添え
Arrosto di cervo ai funghi
→ P.86

材料［2人分］
鹿内もも肉……200〜250g
塩……適量
精製ラード……適量

キノコのソース
ソースのベース［仕上がり量約300g。2人分30g］
 キノコのデュクセル（P.161）……80g
 エシャロット（みじん切り）……25g
 ニンニクのコンフィ（P.161）……3片
 ローズマリー……2枝
 白ワイン……180g
 スーゴ・ディ・カルネ……350g
生クリーム……2人分12g

付け合わせ
キノコ＊（ブルーロット、ピエ・ブルー、マイタケ）……各20g
精製ラード……少量
バーニャカウダソース（P.143）……6g
イタリアンパセリ（みじん切り）……少量
栗のクリーム＊（P.152）……10g
ニンジンの葉……適量
ヘーゼルナッツ油……少量

＊キノコ⇒ブルーロットはヒラタケ、ピエ・ブルーはムラサキシメジ。
＊栗のクリーム⇒栗を鬼皮ごと蒸し、身を裏ごしして生クリームを合わせ、煮つめたもの。

鹿肉のロースト
①フライパンに精製ラードを入れて強火にかけ、鹿肉を入れて脂を全体にかけながら色づくまで焼く。温かいところで20〜30分間やすませる。
②提供直前に同じフライパンに入れ、表面を香ばしく強めに焼き固める。両端を切り落として、真ん中に残った部分を4枚に切り分ける。

キノコのソース
③ソースのベースを作る。エシャロットとニンニクのコンフィを炒め、香りが出てきたらローズマリーを入れて炒める。香りが出てきたら白ワインを入れてアルコール分を飛ばし、スーゴ・ディ・カルネとキノコのデュクセルを入れる。約半量になるまで煮つめる（仕上がり量300g）。
④ローズマリーを除き、ミキサーにかけてピュレにし、ソースのベースとする。
⑤④のベース30g分を鍋にとって熱し、生クリーム12gでつなぐ。

付け合わせ
⑥キノコを適宜の大きさにほぐし、精製ラードでじっくりと炒めて水分を飛ばす。
⑦バーニャカウダのソースを加えて、香ばしさが出るまでさらに炒める（マイタケがパリパリになるくらいまで）。イタリアンパセリを加え混ぜ、ペーパータオルにのせて脂分をきる。

盛り付け
⑧器にキノコのソースを敷き、中心に付け合わせを盛る。鹿もも肉2枚を上に並べ、栗のクリームをのせる。ニンジンの葉にヘーゼルナッツ油をさっとまぶしてトップにのせる。

猪のロースト、ジロール、トランペット、辛味大根と秋トリュフ
Arrosto di cinghiale al tartufo autunno
→ P.87

材料［1人分］
猪ロース肉（骨付き。約150g）……1枚
精製ラード……適量
塩、コショウ……各適量

ソース［16人分］
金華ハム（みじん切り）……100g
ニンニクのコンフィ（P.161）……45g
シェリーヴィネガー……200g
スーゴ・ディ・カルネ……600g

キノコのソテー
ジロール……30g
トランペット……30g
バター……5g
エシャロット（みじん切り）……少量
イタリアンパセリ（みじん切り）……少量
塩……少量

辛味ダイコン（やや粗くすりおろしたもの）……適量
秋トリュフ（薄切り）……3g

猪肉のロースト
①猪肉の表面の固い脂を除き、柔らかい脂は付けておく。塩、コショウをふる。
②フライパンに精製ラードを溶かし、猪肉の脂の面を下にして入れる。溶けたラードをかけたり、裏に返したりしながら4～5分間焼き、温かいところで15分間やすませる。これをもう1回繰り返したのち、1～2分間焼いて10分間やすませる。計約50分間かけてゆっくりと火を入れる。
③背骨部分を切り取り、あばら骨のみ肉に付けておく。

ソース
④金華ハムとニンニクのコンフィを鍋に入れて炒める。香りが出てきたらシェリーヴィネガーを入れて軽く煮つめ、スーゴ・ディ・カルネを加えて2/3量に煮つめてこしておく。

キノコのソテー
⑤ジロールとトランペットをバターで炒め、火が通ってきたらエシャロットを入れて軽く炒める。イタリアンパセリと塩をふって和える。

盛り付け
⑥器の中央に猪肉を盛り、周りにキノコのソテーと辛味ダイコンを交互に盛る。辛味ダイコンの上に秋トリュフをのせ、ソースを回しかける。

Point
▶イタリア料理では生ハムをソースやスープのだしとしても使うが、中国の金華ハムもよい味が出る。生ハムとは異なる芳香と旨みがあり、豚肉や猪肉のソースに合う。

シャラン鴨のロースト、ごぼう風味、アンディーヴ添え
Arrosto d'anatra alla bardana
→P.88

材料
鴨のロースト [4人分]
鴨ロース肉（シャラン産のメス。骨付きのバトー*）……1羽分（550～650g）
塩、コショウ……各適量
精製ラード……適量

ゴボウのソース
ソースのベース[8人分。1人分15g]
　ゴボウ……300g
　エシャロット……60g
　バター……50g
　赤ワインヴィネガー……45g
　スーゴ・ディ・カルネ……600g
バター……1人分7g
シェリーヴィネガー……1人分2g

付け合わせ [2人分]
ポロネギ（せん切り）……長さ6cm分
オオタニワタリ*……6枝
アンディーヴ（縦に2等分）……2個
塩……適量
揚げ油……適量

＊バトー⇒左右の胸肉が骨でひとつにつながった状態のもの。別名、カブト肉。
＊オオタニワタリ⇒シダ科の植物で九州、沖縄が産地。おもに新芽が天ぷらや炒め物にされる。

鴨のロースト
①鴨肉の皮に、3mm間隔で切り目を入れる。それぞれの胸肉の中心線から矢羽根状に入れる。両面に塩、コショウをふる。
②フライパンに精製ラードを溶かして鴨肉の皮を下にして入れ、脂をかけながら3分間ほど焼く。裏返しにして同様に3分間焼く（表面をカリカリに焼かない）。温かいところで40分間ほどやすませて余熱で火を入れる。
③提供直前に鴨肉をフライパンに戻して火にかけ、脂をかけながら皮の色づきが少し増す程度に焼く。骨をはずし、皮以外の面を薄く削り取ってから、食べやすい大きさに切り分ける。

ゴボウのソース
④ソースのベースを作る。ゴボウを水洗いし、皮付きでざく切りにする。エシャロットとともにフードプロセッサーでみじん切りにする。
⑤ゴボウとエシャロットをバターで1時間ほどかけて炒める。赤ワインヴィネガーを入れ、軽く煮つめてスーゴ・ディ・カルネを加え、1/2量に煮つめてこしておく。
⑥提供直前に⑤のベースを人数分鍋にとって温め、バターでつなぎ、シェリーヴィネガーで風味づけする。

付け合わせ
⑦ポロネギを素揚げにして塩をふる。
⑧オオタニワタリを素揚げにして塩をふる。
⑨ココット鍋に精製ラードを溶かし、アンディーヴの切り口を下にして入れ、蓋をして15～20分間蒸し焼きにする。塩をふる。

盛り付け
⑩なめらかな肉質を強調するために鴨肉の切り口を上にして器に盛り、周りにソースを流して付け合わせを添える。

Point
▶シャラン産の鴨肉はオス（バトーで700g以上）とメス（同550〜650g）が流通している。メスのほうがより柔らかく、脂ののりがよい。
▶香ばしさを強めて焼くとこの鴨の繊細な風味が失せるように感じ、表面をカリカリに焼かないように心がけている。

verdure
野菜料理

ホワイトアスパラガスのフリット、サルサ・バニェット添え
Asparagi fritti con salsa bagnetto
→P.90

材料[1人分]
ホワイトアスパラガス（1本80g）……2本
強力粉……適量
衣[13〜14人分]
　コーンフラワー……40g
　炭酸水……70g
　塩……少量
揚げ油……適量
塩……少量
サルサ・バニェットB＊（P.160）……20g

＊サルサ・バニェット⇒香草入りのタルタルソース風のもの。

ホワイトアスパラガスのフリット
①ホワイトアスパラガスの皮を1周分むき、固い下半分はもう1周分むく。
②衣の材料を混ぜる。アスパラガスに強力粉をまぶして衣を付け、140〜145℃の揚げ油で12分間ほどかけて揚げる。油温が低いためアスパラガスが鍋底に沈むので、衣が固まり始めたら転がして均一に火を入れる。
③油をきり、塩をふる。

盛り付け
④器にサルサ・バニェットを敷き、アスパラガスを盛る。

Point
▶低温の油で時間をかけて揚げるのがよい。外側も中心部も均一に柔らかく火が通り、アクも抜ける。
▶ゆでたアスパラガスには水分の少ない固めのソースが合うが、フリットにはオイルやヴィネガーを多めに使った柔らかいソースが、味でも食感でもバランスがよい。

春の香りのスープ
Zuppa primavera
→P.91

材料[1人分]
タケノコのスープ[作りやすい分量]
タケノコ（ざく切り。P.161）……150g
水……450g
押し麦（柔らかくゆでたもの）……80g

タケノコ風味のフォームドミルク
タケノコの姫皮（適宜の大きさに切ったもの。P.161）……80g
牛乳……150g
グラニュー糖……3g

タケノコのソテー
タケノコ（柔らかい先端の薄切り。P.161）……10g
グレス・ド・カナール（鴨の脂）……適量
塩……適量

マジョラムの葉……1枚

タケノコのスープ
①タケノコ、水、ゆでた押し麦をミキサーで攪拌し、2回こす。

タケノコ風味のフォームドミルク
②鍋にタケノコの姫皮、牛乳、グラニュー糖を入れて85℃に温め、火からはずして蓋をし、常温に冷ましてタケノコの香りを移す。こして姫皮を除く。
③エスプレッソマシンで泡立ててフォームドミルクにする。

タケノコのソテー
④タケノコをグレス・ド・カナールでソテーし、塩をふる。

仕上げ&盛り付け
⑤提供直前にタケノコのスープを温め、塩で味をととのえて器に張る。タケノコ風味のフォームドミルクを流し、タケノコのソテーとマジョラムの葉をのせる。

Point
▶タケノコには個性的な強い香りがあるが、いろいろな材料の味を重ねていくとその個性が影を潜めるのでシンプルが一番。また、加熱しすぎると風味が飛ぶので注意。
▶マジョラムの葉は木の芽に似た清涼感のあるハーブ。タケノコとは香りの相性がよい。

空豆のスフレ風オムレツ
Frittata con le fave
→P.92

材料[直径4.5cm、高さ3cmのセルクル型]
ソラ豆のオムレツ[2人分]
ソラ豆（薄皮をむいたもの）……12粒
パンチェッタ（棒切り）……16g
バター……5g
全卵……58g

生クリーム……24g
パルミジャーノ……10g

ソラ豆のクロッカンテ[30人分]
ソラ豆（薄皮をむいたもの）……100g
揚げ油……適量

ソース[4人分]
鶏のブロード……120g
生クリーム……60g

ペコリーノ・ロマーノ（薄切り）……1人分3g
黒コショウ（粗挽き）……適量
E.V. オリーブ油……1人分3g

セルクル型の準備
①アルミ箔にセルクル型（フッ素樹脂加工）の直径に合わせてバター（分量外）をぬり、その上にセルクル型をおいて底面をアルミ箔で包み込む。

ソラ豆のオムレツ
②フライパンにバターとパンチェッタを入れて火にかけ、バターが沸いてきたらソラ豆を入れる。ソラ豆が色づき、パンチェッタがカリカリになるまで炒める。
③全卵、生クリーム、パルミジャーノをボウルに合わせて混ぜる。
④用意したセルクル型にソラ豆を入れ、③の生地を型の高さの八分目まで詰めて180～190℃のオーブンで8分間焼く（パンチェッタは盛り付け時に使う）。

ソラ豆のクロッカンテ
⑤ソラ豆を3分間塩ゆでし、水気をきって裏ごしする。ラップ紙で挟んで極薄のシートにのばし、ラップ紙を除いてシリコンパッドにのせる。55℃のオーブンで1時間乾燥させる。
⑥適宜の大きさに割り、150～160℃の揚げ油でさっと揚げる。

ソース
⑦鶏のブロード120gを火にかけて50gに煮つめ、生クリームを加えてさらに60gまで煮つめる。

盛り付け
⑧器にソースを敷き、ソラ豆のオムレツを型から出してのせる。周りにパンチェッタとペコリーノ・ロマーノを散らす。ソラ豆のクロッカンテをのせ、粗挽き黒コショウをふってE.V. オリーブ油を回しかける。

Point
▶ソラ豆をゆでて甘みとホクホク感を出すには3分間がちょうどよいタイミング。短くても長くてもピークを逸してしまう。ゆでてからクロッカンテにする際にもゆで時間が風味に影響する。

白トリュフ卵の目玉焼き
Uovo all'occhio di bue al tartufo bianco
→P.93

材料
卵（ホロホロ鳥）……8～10個
白トリュフ……200～300g
バター……適量

白トリュフ風味の卵
①保存ビンの底にティッシュペーパーを敷き、白トリュフも1個ずつティッシュペーパーで包む。卵とともに保存瓶に入れ、蓋をする。冷蔵庫で5日間～2週間おき、ペーパーが湿ってきたら取り替えたり、卵の殻をふいたりする。

目玉焼き
②フライパンにバターを溶かし、香りのついた卵を割り入れる。周囲から白身を寄せて黄身が中心にくるようにする。180℃のオーブンで30秒～1分間焼いて目玉焼きにする。

Point
▶保存瓶の底に紙を敷くのは卵が割れないようにするためのクッションだが、トリュフから蒸発する水分を吸収する役目もある。紙を入れずに湿ったままでおくと、卵の殻にカビが生えることがある。
▶目玉焼きは蓋をして焼くと黄身に薄膜が張って鮮やかな黄色が出ないので、蓋をしないでオーブンで焼くとよい。

フレッシュポルチーニの炭火焼き
Porcini alla brace
→P.102

材料[1人分]
ポルチーニ（傘。約80g）……1個
ニンニク風味の澄ましバター（P.161）……少量
ローズマリー（みじん切り）……少量
E.V. オリーブ油……適量
フォワグラ（厚さ1cmのスライス）……25g
コーンフラワー……適量
塩、コショウ……各適量

卵黄（といたもの）……適量
ヘーゼルナッツ（ローストして粗切り）……1個
シブレット（小口切り）……適量

ポルチーニの下処理
①ポルチーニを仕入れたら、すぐに傘と軸に分ける（軸に虫がいると、傘に移動してしまうため）。新聞紙か乾いたタオルで挟み、ビニール袋で包んで冷蔵し、乾燥を防ぐ。
②掃除は使用する日に行なう。傘をブラシでこすりながら流水にあてて汚れを取る。内側のヒダは水分に触れると水気がしみ込んで劣化しやすいので、水をかけたり触ったりしない。ペーパータオルで水分をふき取り、洗い流せない

汚れや固い部分を包丁でむき取る。劣化している部分は香りもよくないので、ひと通りににおいを嗅いでチェックする。
③乾いたタオルでポルチーニを挟み、バットに入れてラップ紙で覆い、使うまで冷蔵しておく。

ポルチーニの炭火焼き
④ポルチーニ全体に澄ましバターをぬる。
⑤炭火でグリルにする。肉を焼くのと同じ要領で位置を変えたり、裏に返したりを繰り返して約1分間焼く。手早く焼かないと水分が抜けてしなびてくる。
⑥熱したフライパンに入れ、水を少量足して（分量外）蓋をし、2～3分間蒸し焼きにする。
⑦ヒダに塩をふってボウルに入れ、ローズマリーとE.V.オリーブ油で軽く和える。

フォワグラ
⑧フォワグラに塩、コショウ、コーンフラワーをまぶす。熱したフライパンに入れ、両面を計1分間ほど焼き、ミディアムレアに仕上げる。

盛り付け
⑨焼いたフォワグラを粗く切って器に敷き、ポルチーニをのせる。周りに卵黄をたらし、ヘーゼルナッツとシブレットを散らす。

リコッタのニョッキ
Gnocchi di ricotta
→P.104

材料［4人分］
リコッタのニョッキ
ジャガイモ（男爵。皮付き）……150g
リコッタ（牛乳製）……150g
パルミジャーノ……15g
卵黄……1個分
強力粉……50g

タケノコ入りのバターソース
タケノコ（P.161。1～2cmの乱切り）……200g
マジョラム……2枝
バター……40g
塩……ひとつまみ

パルミジャーノ……大さじ4
マジョラムの葉……適量

リコッタのニョッキ
①ジャガイモを塩ゆでして柔らかくする。熱いうちに皮をむき、裏ごしにかける。続けてリコッタを裏ごしし、ジャガイモと合わせる。
②卵黄を加え、パルミジャーノと強力粉をふり入れて、ゴムべらでざっくりと混ぜる。全体がなじんだら手で軽くこねながら混ざり具合を確認する。
③直径1.5cmの丸口金をセットした絞り袋に入れ、細長く絞り出す。強力粉で打ち粉（分量外）をして幅2cmに切り分け、指で俵形に整える。

タケノコ入りのバターソース
④フライパンにバターとマジョラムを入れて熱し、香りをつける。タケノコを入れて軽く焼き色がつくまで炒め、塩で味をととのえる。

仕上げ＆盛り付け
⑤ニョッキを塩湯でゆでる。水面に浮き上がってからさらに1分間以上ゆでて中心までしっかりと火を入れる。
⑥ニョッキの湯をきり、タケノコ入りのバターソースに入れる。ゆで汁を少量加えてのばしながら和え、パルミジャーノを入れてさらに和える。器に盛ってマジョラムの葉を飾る。

《旬の野菜のアーリオ・オーリオ》

田芹のスパゲッティ、アーリオ・オーリオ
Spaghetti aglio, olio con erba "TAZERI"
→P.106

材料［1人分］
スパゲッティ……60g＊
田ゼリ……20g
ニンニク（つぶしたもの）……1片
赤唐辛子……1本
E.V.オリーブ油……25g
イタリアンパセリ（みじん切り）……適量
塩……適量
パルミジャーノ……適量

＊スパゲッティ⇒プリーモ・ピアットを想定した1人分の分量。コース終盤の「お楽しみの皿」の場合は1人分30g（以下同）。

①田ゼリは枝付きのまま切らずに使うが、太い茎が交じっていればざく切りにする。
②スパゲッティを塩湯でゆでる。
③フライパンにニンニク、赤唐辛子、E.V.オリーブ油を入れて炒める。香りが出てきたらスパゲッティの湯をきって入れ、和える。火からはずし、田ゼリとイタリアンパセリを加えて和え、余熱で火を入れる。塩で味をととのえる。
④器に盛り、パルミジャーノをふる。

たけのこのスパゲッティ、アーリオ・オーリオ
Spaghetti aglio, olio con germoglio di bambù
→P.106

材料［1人分］
スパゲッティ……60g

タケノコ（P.161。厚さ2〜3mmの薄切り）……70〜90g
タケノコの姫皮（P.161。せん切り）……10g
ニンニク（つぶしたもの）……1片
赤唐辛子……1本
E.V.オリーブ油……25g
イタリアンパセリ（みじん切り）……適量
パルミジャーノ……適量
塩……適量

①スパゲッティを塩湯でゆでる。
②フライパンにニンニク、赤唐辛子、E.V.オリーブ油を入れて炒める。香りが出てきたらタケノコを入れ、色づくくらいに炒める。スパゲッティの湯をきって入れ、タケノコの姫皮とイタリアンパセリを加えて和える。塩で味をととのえる。
③器に盛り、パルミジャーノをふる。

カルチョフィのスパゲッティ、ラルド添え
Spaghetti ai carciofi con lardo
→P.107

材料［1人分］
スパゲッティ……60g
カルチョフィ（マモーレタイプ*。下処理済みのもの）……60g
精製ラード……適量
揚げ油……適量
ニンニク（つぶしたもの）……1片
赤唐辛子……1本
E.V.オリーブ油……25g
イタリアンパセリ（みじん切り）……適量
塩……適量
ラルド（薄切り）……3枚
カステルマーニョ*……適量

＊マモーレタイプ⇒品種名「ロマネスコ」。ガク片の先端が丸く大型のタイプで、なかでも中心の茎にできる特級品。
＊カステルマーニョ⇒ピエモンテ州産のハードチーズ。牛乳が主体で、ヤギ乳を混ぜることもある。

①カルチョフィは軸の皮を包丁でむき、外側の固いガク片を数枚むく（内側の柔らかいガク片は残す）。縦半分に切り、中心の繊毛を除く。
②カルチョフィの半量を、精製ラードをぬったココット鍋に入れて蓋をし、15分間直火で蒸し焼きにする。縦に3等分にする。残り半量は縦に4等分に切って素揚げにする。
③スパゲッティを塩湯でゆでる。
④フライパンにニンニク、赤唐辛子、E.V.オリーブ油を入れて炒める。香りが出てきたら蒸し焼きにしたカルチョフィを入れ、続けてスパゲッティの湯をきって入れる。イタリアンパセリを加えて和え、塩で味をととのえる。
⑤器に盛り、素揚げのカルチョフィをのせる。蒸し焼きのカルチョフィの上にラルドをのせ、全体にカステルマーニョをふる。

松茸のスパゲッティ、アーリオ・オーリオ
Spaghetti aglio, olio con funghi "MATSUTAKE"
→P.107

材料［1人分］
スパゲッティ……60g
マツタケ……40g
ニンニク（つぶしたもの）……1片
赤唐辛子……1本
E.V.オリーブ油……25g
イタリアンパセリ（みじん切り）……適量
塩……適量
パルミジャーノ……適量

①マツタケは軸の真ん中あたりで切り、傘と軸のそれぞれを8等分の放射状に切る。
②スパゲッティを塩湯でゆでる。
③フライパンにニンニク、赤唐辛子、E.V.オリーブ油を入れて炒める。香りが出てきたらマツタケを入れて炒める。スパゲッティの湯をきって入れ、イタリアンパセリを加えて和える。塩で味をととのえる。
④器に盛り、パルミジャーノをふる。

Point
▶炒めすぎはマツタケの香りを損なうので、表面だけに火を入れる程度に炒める。スパゲッティなどを加えて和える仕上げの1分間で中心まで火を入れる感覚がちょうどよい。

赤茄子と海胆のカペッリーニ
Capellini con melanzane e riccio di mare
→P.108

材料［1人分］
カペッリーニ……7g
赤ナスのピュレ（24人分。1人分15g）
　赤ナス……400g
　ニンニク（薄切り）……1/2片
　赤唐辛子……2本
　E.V.オリーブ油……15g
　アサリのブロード……150g
　塩、揚げ油……適量
生クリーム……1〜2g
紫ウニa……5g
シブレット（小口切り）……少量

紫ウニb……8g

赤ナスのピュレ
①赤ナスの皮をむいて6等分に切る。140〜150℃の油で色づけないように揚げ、ペーパータオルで余分な油をきる。
②鍋にE.V.オリーブ油、ニンニク、赤唐辛子を入れて炒め、香りが出てきたらアサリのブロードを入れて沸かす。赤ナスを入れて弱火で15〜20分間、身をつぶしながら煮る。塩で味をととのえ、粗熱を取って冷蔵庫で冷やす。

仕上げ&盛り付け
③カペッリーニを塩湯でゆで、冷水にさらして締めたのちに、ペーパータオルで水分をふき取る。
④赤ナスのピュレに生クリーム、紫ウニa、シブレットを混ぜ、③のカペッリーニを和える。器に盛り、紫ウニbをのせる。

Point
▶カペッリーニはゆでた後で水にさらすと締まって固くなるので、心持ち柔らかくゆで、冷めた時にアルデンテの歯ごたえになるようにする。製品のゆで時間の表示が3分間の場合、4〜5分間ゆでるとちょうどよい。
▶ウニは各種あるが、香りのよい紫ウニが向いている。

dolci
ドルチェ

白桃のコンポート、アールグレイとミントのジュレ
Pesca sciroppata con gelatina al tè "Earl Grey"
→P.110

材料
白桃のコンポート[8人分]
桃＊……4個
三温糖……200g
水……700g
アスコルビン酸……1g

アールグレイとミントのジュレ[7人分。1人分30g]
水……200g
茶葉（アールグレイ）……6g
ペパーミント（枝付き）……20g
グラニュー糖……10g
パールアガー……4g

桃のジェラート[35人分。1人分45g]
牛乳……300g
卵黄……2個分
グラニュー糖……60g
生クリーム……300g
クレーム・ド・ペーシュ（桃のリキュール）……60g
桃のピュレ（冷凍品を解凍）……1kg

ペパーミントの葉……1人分1枚

＊桃⇒山梨県春日居産。糖度、みずみずしさともに申し分なく、小ぶりのサイズもちょうどよい。

白桃のコンポート
①桃を皮付きのまま横に2等分し、種子を取って容器に入れる。
②三温糖に水を加えて沸騰させ、アスコルビン酸を入れて溶かす。①の桃に注ぎ、ペーパータオルをかぶせて常温に冷ます。
③皮をむき、シロップに戻して蓋をし、冷蔵庫で8時間ほど冷やす。

アールグレイとミントのジュレ
④水を沸かして火を止め、茶葉とペパーミントを入れる。蓋をして5分間蒸らす。
⑤ボウルにグラニュー糖とパールアガーを合わせ、④の紅茶液を茶こしでこしながら注いで溶かす。容器に移して冷蔵庫で冷やし固める。

桃のジェラート
⑥牛乳を沸騰直前まで温める。
⑦ボウルに卵黄とグラニュー糖を入れてすり合わせ、牛乳を注ぎながらよく混ぜる。鍋に戻して火にかけ、ややとろみがつくまで混ぜながら卵に火を入れる。こして粗熱を取り、冷蔵庫で冷やす。
⑧⑦と桃のピュレを混ぜ、生クリームとクレーム・ド・ペーシュを加え混ぜてアイスクリームマシンにかける。

盛り付け
⑨ジュレをスプーンでくずして器に盛る。ジェラートをすくってのせ、白桃のコンポートの切り口を下にしてのせる。ペパーミントの葉を飾る。

Point
▶コンポートを翌日に持ち越すとシロップがしみ込みすぎてフレッシュ感が乏しくなる。当日に使いきれる分量を仕込むのがコツ。
▶桃の風味を生かすために冷たくしすぎない。

栗のオーブン焼き、ココナッツのジェラート添え
Castagne gratinate con gelato di coco
→P.111

材料[内径10cmのココット型]
栗＊（鬼皮付き。3Lサイズ）……1人分3個
三温糖……適量

栗のクリーム[12人分。1人分45g]
栗（鬼皮をむいた正味）……300g
生クリーム……300g

ココナッツのジェラート［35人分。1人分45g］
牛乳……200g
トリモリン（転化糖）……100g
卵黄……2個分
グラニュー糖……50g
生クリーム……300g
ココナッツのピュレ（冷凍品を解凍）……1kg
ブランデー……30g

＊栗⇒茨城県産。味がよく、安定している。1年中出荷されているが、店では旬の秋〜年末に限定。

むき栗
①栗を鬼皮付きのまま蒸し器で40〜45分間蒸す。熱湯に浸け、ぬるくなったら鬼皮と渋皮をむく。

栗のクリーム
②上記の栗と同様に調理して鬼皮と渋皮をむき、裏ごしする。
③②の栗のピュレと生クリームを鍋に入れて火にかけ、混ぜながら少しとろみがつくまで煮つめる（冷めた時にペースト状の固さになるようにする）。粗熱を取って冷蔵する。

ココナッツのジェラート
④鍋に牛乳とトリモリンを入れて火にかけ、沸騰直前まで温める。
⑤ボウルに卵黄とグラニュー糖を入れてすり合わせ、④の牛乳を注ぎながらよく混ぜる。鍋に戻して火にかけ、ややとろみがつくまで混ぜながら卵に火を入れる。こして粗熱を取り、冷蔵庫で冷やす。
⑥⑤に生クリーム、ココナッツのピュレ、ブランデーを加えて混ぜ、アイスクリームマシンにかける。

盛り付け
⑦ココット型に栗のクリームを敷いてむき栗3個を並べ、190℃のオーブンで10分間焼く。三温糖をふりかけてガスバーナーでカラメル化し、ココナッツのジェラートを盛る。

無花果のスパイスシロップ煮、ライチのジェラート添え
Fichi cotti allo sciroppo aromatizzato, gelato di litchi
→P.112

材料
イチジクのコンポート［5人分］
イチジク＊……5個
水……400g
グラニュー糖……100g
バニラビーンズ……1/2本
ジュニパーベリー……15粒
レモングラス（ハーブティー用ドライ。ペーパータオルで包む）……1g

フロマージュ・ブラン……1人分3〜5g

イチジクのコンフィテュール［1人分3g］
黒イチジク（ホール。冷凍品）……500g
グラニュー糖……300g

ライチのジェラート［45人分。1人分40g］
牛乳……375g
卵黄……4個分
グラニュー糖……140g
生クリーム……275g
ライチのピュレ（冷凍品を解凍）……1kg
ライチのリキュール……40g

ブルーベリーのコンフィテュール［1人分2〜3g］
ブルーベリー（ホール。冷凍品を解凍）……500g
ブルーベリー（ピュレ。冷凍品を解凍）……500g
グラニュー糖……250g
水あめ……75g

ペパーミントの葉……1人分1枚

＊イチジク⇒愛知県産。旬は初夏と秋。栽培ものは1年中収穫がある。

イチジクのコンポート
①イチジクを熱湯に浸け、すぐに引き上げて氷水に入れて皮をむく。容器に入れておく。
②水、グラニュー糖、バニラビーンズ、ジュニパーベリー、レモングラスを鍋に合わせ、沸騰させる。イチジクに注ぎ、粗熱を取ってから冷蔵庫で冷やす。

グラニテ
③前回に仕込んで取りおいたイチジクのコンポート液をこして広口の容器に薄く流し、冷凍庫で凍らせる。

イチジクのコンフィテュール
④冷凍の黒イチジクにグラニュー糖をかけ、常温において一晩おく。
⑤イチジクから出てくる水分とともに鍋に入れて火にかけ、沸騰したらひと呼吸おいて火を止め、粗熱を取って冷やす。バーミックスで撹拌してピュレにする。

ライチのジェラート
⑥鍋に牛乳を入れて火にかけ、沸騰直前まで温める。
⑦ボウルに卵黄とグラニュー糖を入れて白っぽくなるまですり混ぜ、⑥の牛乳を注ぎながら混ぜ合わせる。鍋に戻して混ぜながら火にかけ、卵に火を通す。こして粗熱を取ってから冷蔵庫で冷やす。
⑧⑦の生地に生クリーム、ライチのピュレ、ライチのリキュールを加えて混ぜ合わせ、アイスクリームマシンにかける。

ブルーベリーのコンフィテュール
⑨鍋にブルーベリーのホールを入れてグラニュー糖をかけ、常温でしばらくおく。水分が出てきたらブルーベリーのピュレと水あめを加え、火にかけて時々混ぜながら煮つめる。粗熱を取ってから、冷蔵庫で冷やしておく。

盛り付け
⑩イチジクのコンフィテュールを器に少量敷き、グラニテを

削り取ってその上に敷く。
⑪フロマージュ・ブランを紙のコルネに詰めて、イチジクのコンポートの底から少量絞り入れ、グラニテの上に立てる。ペパーミントの葉を飾る。
⑫ライチのジェラートの上にブルーベリーのコンフィチュールをのせ、中に包み込むようにくるりと丸めてイチジクに添える。

Point
▶コンポートの調味はイチジク本来の風味を生かすよう薄味に仕上げている。シロップが甘すぎると表面だけが甘くなり、食べ進むうちに中心が味の抜けた印象になる。翌日まで提供可能。
▶ブルーベリーのコンフィチュールは、ゆるすぎるとジェラートで包めないので、通常のコンフィチュールよりも心持ち固めに仕上げる。

巨峰のジェラート、デラウェアとモスカートのジュレ
Gelato di uva "KYOHO" con uva "Delaware" e gelatina di moscato
→ P.113

材料
ジャスミンのブランマンジェ ［14人分。1人分50g］
牛乳……528g
生クリーム……160g
茶葉（ジャスミン）……8g
板ゼラチン……11g
グラニュー糖……104g

モスカート・ダスティのジュレ ［9人分。1人分50g］
モスカート・ダスティ*……375g
グラニュー糖……30g
水……100g
板ゼラチン……8g

巨峰のジェラート ［35人分。1人分50g］
巨峰（皮付き、種子なし）……960g
水……340g
グラニュー糖……40〜60g
トリモリン（転化糖）……220g
白ワイン……240g
レモン果汁……5〜10g

テュイル ［30人分］
卵白……60g
粉糖……110g
薄力粉……35g
溶かしバター……35g

デラウェア……1人分40粒
アスコルビン酸……少量

＊モスカート・ダスティ⇒ピエモンテ州産のモスカート種で造る発泡性甘口ワイン。

ジャスミンのブランマンジェ
①牛乳を70℃に温め、茶葉を入れて蓋をし、10分間蒸らす。冷水でもどした板ゼラチンを加えて溶かす。
②ボウルにグラニュー糖を入れ、①をこしながら注いで溶かす。粗熱を取り、生クリームを加え混ぜてプディング型に流し、冷やし固める。

モスカート・ダスティのジュレ
③水とグラニュー糖を沸かして火を止め、冷水でもどした板ゼラチンを加えて溶かす。
④氷水をあてて17〜18℃に冷まし、モスカート・ダスティを少量ずつ加える。容器に入れて冷蔵庫で冷やし固める。

巨峰のジェラート
⑤巨峰を皮付きのまま半分に切り、種子があれば除く。冷凍庫で半凍りにする。
⑥鍋に水、グラニュー糖、トリモリン、白ワインを入れて沸かし、冷やす。
⑦⑤と⑥、レモン果汁（巨峰の甘さによって分量を調整）をジューサーでピュレにし、アイスクリームマシンにかける。

テュイル
⑧ボウルに卵白を入れ、粉糖、薄力粉、溶かしバターを順に加えながら混ぜ合わせる。
⑨シリコンパッドにごく薄くのばし、170℃のオーブンで7〜8分間焼く。粗熱を取り、食べやすい大きさに割る。

デラウェア
⑩提供する1〜2時間前にデラウェアの皮をむき、アスコルビン酸をふって色止めする。ラップ紙をかぶせて酸化を防ぎ、冷蔵庫で保管する。

盛り付け
⑪ジャスミンのブランマンジェを型から出して器に盛り、上にモスカート・ダスティのジュレをスプーンでくずしながら盛る。デラウェアを敷き詰め、中央に巨峰のジェラートをのせてテュイルを添える。

Point
▶モスカート・ダスティに含まれる炭酸の泡をジュレの中に生かすために、ゼリー液に混ぜる時に少量ずつゆっくり加えて泡を消さないようにする。

林檎のミルフィーユ仕立て
Millefoglie di mele
→ P.114

材料
リンゴのソルベ ［18人分。1人分180g］
リンゴ（紅玉）……9個
バター……90g

グラニュー糖……270g
リンゴジュース（アカネ種*）……1.5ℓ
カルヴァドス……90g

リンゴのチップス [8人分]
リンゴ（紅玉）……5個
三温糖……400g
水……1ℓ
カルヴァドス……135g

バニラのジェラート [100人分。1人分18g]
牛乳……1ℓ
バニラビーンズ……1＋1/2本
卵黄……12個分
グラニュー糖……200g
生クリーム……400g

ハチミツ（リンゴ）、粉糖、ペパーミントの葉、シナモンスティック……各適量

*リンゴジュース（アカネ種）⇒酸味が強く、果汁がピンク色で加工した時にリンゴらしい色が出る。北海道産。

リンゴのソルベ
①リンゴは皮を付けたまま芯を除いて8等分する。
②銅鍋にバターを溶かし、リンゴを炒めながらバターをからめる。グラニュー糖を加え混ぜ、溶けてどろりとしてきたらリンゴジュースを入れて強火で沸かす。弱火にしてアクをすべて取り除き、12～15分間煮る。
③ジューサーにかけてボウルに移し、底に氷水をあてて急冷する。カルヴァドスを加え、アイスクリームマシンにかける。
④ラップ紙で包んで直径5～6cmの筒状に形作り（6本分ができる）、冷凍する。

リンゴのチップス
⑤リンゴは皮を付けたまま厚さ1.8mmの輪切りにし、芯は残して種子を除く。バットに広げる。
⑥三温糖、水、カルヴァドスを合わせて沸騰させ、⑤に注ぐ。リンゴの両面にまんべんなく行き渡るようにし、ペーパータオルをかぶせて半日おく。
⑦リンゴのシロップをきり、シリコンパッドに並べて110℃のオーブンで乾燥させる。1時間以上たち、表面が完全に乾いたら裏に返し、計2時間ほどかける。両面ともカラメル化して薄く焼き色がつくまで火を入れる。粗熱を取って密閉容器で保管する。

バニラのジェラート
⑧鍋に牛乳と切り目を入れたバニラビーンズを入れて火にかけ、沸騰直前まで温める。
⑨ボウルに卵黄とグラニュー糖を入れて白っぽくなるまですり混ぜ、⑧の牛乳を注ぎながら混ぜる。鍋に戻して混ぜながら火にかけ、卵に火を通す。こして冷蔵庫で冷やす。
⑩生クリームを加え混ぜ、アイスクリームマシンにかける。

盛り付け
⑪バニラのジェラートの一部を溶かして皿に少量を敷く。ハチミツをランダムにたらす。
⑫リンゴのソルベを包丁で幅5mmに切り分け、皿の上にリンゴのチップスと交互に8層に重ねる。バニラのジェラートをのせ、全体に粉糖をふる。ペパーミントの葉を飾り、シナモンスティックを削りながらふる。

Point
▶リンゴのチップスは厚さ1.8mmくらいが扱いやすい。乾きやすくて割れる失敗がなく、また食感もよい。乾かす時に表面が完全に乾かないうちに裏返しにすると、平らにならず波打ってしまう。また、薄く色がつくまで焼いたほうがリンゴの香ばしさが出て風味がよい。
▶大小のサイズができるので、直径がほぼ同じもので組み立てると見た目が美しい。

珈琲のクラッシュゼリーと バイマックルーのジェラート
Gelatina di caffè e gelato al "kaffir lime leaves"
→P.115

材料
コーヒーのゼリー [5人分。1人分100g]
ドリップコーヒー……430g
エスプレッソコーヒー……70g
グラニュー糖……50g
パールアガー……20g

バイマックルーのジェラート [13人分。1人分45g]
バイマックルー（コブミカンの葉）……15～20g
牛乳……125g
生クリーム……300g
卵黄……3個分
グラニュー糖……75g
ホワイトチョコレート（細かく削ったもの）……60g

黒蜜ソース [60人分。1人分8g]
黒糖……375g
水……300g

バイマックルー……1人分1枚
揚げ油……適量
グラニュー糖……適量

コーヒーのゼリー
①ドリップコーヒーとエスプレッソコーヒーを合わせて80～90℃に温める。
②ボウルにグラニュー糖とパールアガーを合わせ、コーヒーを注いで溶かす。粗熱を取り、容器に入れて冷蔵庫で冷やし固める。

バイマックルーのジェラート
③鍋に牛乳と半量の生クリームを入れて温め、バイマックルーをちぎって加える。蓋をして5分間蒸らす。

④ボウルに卵黄とグラニュー糖を入れてすり混ぜ、③を注ぎながら混ぜる。鍋に戻して混ぜながら火にかけ、卵に火を通す。
⑤別のボウルにホワイトチョコレートを入れ、④をこしながら加え混ぜて溶かす。粗熱を取り、冷蔵庫で冷やす。残りの生クリームを加えてアイスクリームマシンにかける。

黒蜜ソース
⑥黒糖と水を合わせて火にかけ、軽くとろみがつくまで煮つめる。粗熱を取り、冷蔵庫で冷やす。

盛り付け
⑦飾り用のバイマックルーを素揚げにし、グラニュー糖をまぶす。
⑧器に黒蜜ソースを流し、コーヒーのゼリーをスプーンでくずして盛る。中央にジェラートを盛り、バイマックルーの素揚げを脇に飾る。

Point
▶ドリップコーヒーは濃い焙煎豆を使い、香りをしっかりと抽出する。沸騰させるとえぐみが出るので90℃以上にしない。
▶バイマックルーは季節などによって香りの強さが違うので、ときどきで分量を加減する。香りが強く出ていないとインパクトが弱いので、しっかりと香りをきかせる。
▶凝固剤のパールアガーはゼラチンよりも高い温度で固まるが、ゼリーはしっかり冷えていないとおいしく感じられないので、よく冷やしたほうがよい。

フォンダン・ショコラと白トリュフのジェラート
Tortino al cioccolato fondente
→P.116

材料[内径6cm、高さ4cmのセルクル型]
チョコレート生地[15人分。1人分60g]
チョコレート(ヴァローナ社カラク)……220g
バター……100g
卵黄……4個分
グラニュー糖a……90g
卵白……4個分
グラニュー糖b……90g
上新粉……80g
アーモンドパウダー……80g
塩……2g

ガナッシュ[40人分。1人分15g]
チョコレート(ヴァローナ社ピュア・カライブ)……180g
バター……75g
生クリーム……225g
牛乳……75g
オレンジの皮(すりおろしたもの)……1個分
オレンジジュース……75g
コワントロー(オレンジリキュール)……15g

白トリュフのジェラート[40人分。1人分45g]
牛乳……200g
トリモリン(転化糖)……100g
卵黄……2個分
グラニュー糖……50g
生クリーム……300g
ココナッツのピュレ(冷凍品を解凍)……1kg
ブランデー……30g
白トリュフ(すりおろしたもの)……85g

キャラメルナッツ[100人分。1人分6g]
アーモンド(ホール)……150g
ヘーゼルナッツ(ホール)……150g
グラニュー糖……300g
水……75g
バター……12g

粉糖……適量

チョコレート生地
①上新粉、アーモンドパウダー、塩を一緒にふるいにかける。
②削ったチョコレートとバターをボウルに入れ、湯煎にかけて溶かす。
③別のボウルに卵黄とグラニュー糖aを入れ、白っぽくなるまですり混ぜる。②のチョコレートを少量ずつ加えながら混ぜ、①の粉類を加え混ぜる。
④別のボウルで卵白とグラニュー糖bを八分立てにする。③の生地に加えて、気泡をつぶさないように混ぜる。

ガナッシュ
⑤削ったチョコレートとバターをボウルに入れ、湯煎にかけて溶かす。
⑥生クリームと牛乳を沸騰直前まで温める。⑤のチョコレートに少量ずつ加え混ぜる。温かいうちにオレンジの皮、オレンジジュース、コワントローを加え混ぜる。
⑦20×28cmのバットに高さ1cmに流し、ラップ紙をかぶせて粗熱を取る。冷蔵庫で一晩おいて固めた後、冷凍する(直接冷凍すると、チョコレートが劣化しやすい)。直径3.3cmのセルクル型で抜いて冷凍庫で保管する。

フォンダン・ショコラの仕上げ
⑧セルクル型の内側にバター(分量外)を薄くぬり、オーブンペーパーを貼る。ペーパーの高さは型の2倍弱に出す。ラップ紙を敷いたバットに並べる。
⑨チョコレート生地を絞り袋に詰め、型の高さの半分まで絞り出す。ガナッシュを1個おき、再びチョコレート生地を型の八分目まで絞り出す。上面を平らに整えて冷凍する。
⑩パイ皿にオーブンペーパーを敷き、型を並べて200℃で15分間焼く。

白トリュフのジェラート
⑪牛乳とトリモリンを合わせて沸騰直前まで温める。
⑫ボウルに卵黄とグラニュー糖を入れてすり混ぜ、⑪の牛

乳を注ぎながら混ぜる。鍋に戻して混ぜながら火にかけ、卵に火を通す。こして冷蔵庫で冷やす。
⑬⑫の生地に生クリーム、ココナッツのピュレ、ブランデーを加え混ぜ、アイスクリームマシンにかける。でき上がったジェラートに白トリュフを混ぜる。

キャラメルナッツ
⑭アーモンドとヘーゼルナッツを粗く刻み、それぞれ160℃のオーブンで薄く色づく程度にローストする。
⑮鍋にグラニュー糖と水を入れて火にかけ、125℃まで熱して火を止め、ナッツを入れてよく混ぜる。シロップが白濁してきたら弱火にかけ、よく混ぜながらカラメル化させる。バターを加え混ぜ、バットに薄く流して常温で冷ましながら固める。

盛り付け
⑯フォンダン・ショコラを型からはずしてペーパーを取り、器におく。粉糖をふり、白トリュフのジェラートを添える。キャラメルナッツを小片に砕いて周りに散らす。

Point
▶フォンダン・ショコラのチョコレート生地に上新粉を使うと、側面がパリッと焼き上がる。
▶ガナッシュはきれいな円盤形に抜いて型の中心に入れること。場所が偏っているとチョコレート生地にしみ込んだり、チョコレート生地が割れやすくなる。
▶フォンダン・ショコラの焼きが足りないとガナッシュが溶けず、逆に焼きすぎるとチョコレート生地にしみ込んでしまうので、焼き加減には細心の注意を払う。

苺のスープ仕立てと綿あめ
Zuppa di fragole e zucchero filato
→P.117

材料
イチゴのマリネ
イチゴ……1人分2個
シロップ（ボーメ30度）……適量

イチゴソース[30人分。1人分40g]
イチゴ……1kg
グラニュー糖……500g

ミルクのジェラート[45人分。1人分35g]
濃縮ミルク*……1ℓ
コンデンスミルク……75g
グラニュー糖……75g
トリモリン（転化糖）……150g
生クリーム……300g
コワントロー……20g

綿あめ
ざらめ糖（白）……3人分大さじ1

ミントの葉のドライ
ペパーミントの葉……適量
卵白……適量
グラニュー糖……適量

トニックウォーター……1人分40g

*濃縮ミルク⇒乳脂肪分8.8％。原材料は脱脂濃縮乳と生クリーム。タカナシ販売㈱製。

イチゴのマリネ
①イチゴをチーズおろし器の上で軽く転がして表面に傷をつける。シロップに4〜5時間漬ける（当日中に使いきる）。

イチゴソース
②イチゴにグラニュー糖をまぶし、常温でしばらくおく。
③グラニュー糖が溶けたら鍋に入れ、火にかけて沸騰させる。アクを取り除き、バーミックスで攪拌してピュレにし、冷たく冷やす。

ミルクのジェラート
④濃縮ミルク、コンデンスミルク、グラニュー糖、トリモリンを鍋に合わせ、火にかける。焦げやすいので常時混ぜる。グラニュー糖が溶けたら火からおろし、氷水をあてて冷ます。
⑤生クリームとコワントローを加え混ぜ、アイスクリームマシンにかける。

綿あめ
⑥ざらめ糖を綿あめ機に入れて綿あめを作る。

ミントの葉のドライ
⑦ペパーミントの葉の両面に卵白をぬり、グラニュー糖をまぶす。温かい所において乾燥させる。

盛り付け
⑧イチゴソースを器に入れ、同量のトニックウォーターを注いでスプーンで混ぜる。ミルクのジェラートをのせる。
⑨イチゴのマリネを縦半分に切り、周りにちらす。上に綿あめとミントの葉のドライを飾る（綿あめは液体に触れると溶けるので、ソースに触れないように盛る）。

Point
▶イチゴは甘みと酸味がそろっているものがよいが、甘みが足りない時は砂糖を多めにして補えばよい。店で使っている品種はあまおう、さちのか。
▶イチゴの表面に軽く傷をつけてからシロップに漬けると、香りがよく出てシロップも浸透しやすい。
▶トニックウォーターは糖分や苦みをもった炭酸水で、イチゴソースに加えるとイチゴの風味を生かしながらシュワッとした爽やかな食感と風味を加えることができる。

黒トリュフのスフレ
Soufflè al tartufo nero
→P.118

材料[内径6.4cm、高さ3.2cmのスフレ型]

スフレ
ベースの生地[7人分。1人分40g]
- 牛乳……250g
- 卵黄……60g
- グラニュー糖……20g
- 強力粉……20g
- バニラビーンズ……1/2本

メレンゲ[3人分。1人分34g]
- 卵白……90g
- グラニュー糖……30g

黒トリュフソース[1人分]
黒トリュフ(みじん切り)……1g
生クリーム……30g

黒トリュフ(厚さ1mm、直径3.3cm)……1人分2枚
バター(厚さ5~6mm、直径3.3cm)……1人分1枚

型の準備
①スフレ型の内側にバター(分量外)をぬり、グラニュー糖(分量外)をまぶす。

スフレ生地
②ベースの生地を作る。バニラビーンズのさやを開いて種子を取り出し、卵黄とグラニュー糖とともにボウルに入れる。よくすり混ぜ、強力粉を加えてよく混ぜる。
③バニラビーンズのさやは牛乳に入れて沸騰直前まで温める。少量ずつ②の生地に加えながら混ぜ、全量を入れたらこしながら鍋に戻す。火にかけて混ぜながら卵に火を入れ、とろみがついてきたらバットにあけて氷水をあてて急冷する。
④卵白にグラニュー糖を少量ずつ加えながら十分立てのメレンゲを作る。

スフレの仕上げ
⑤ベースの生地(1人分40g)をボウルに入れてよく混ぜ、メレンゲ(1人分35g)を加えてしっかり混ぜる。用意した型に詰め、パレットナイフで縁を平らにする。粉糖をふり、縁についた生地と粉糖を布巾でぬぐい取る。
⑥200℃のオーブンで10~11分間焼く。途中で(5~6分後)、前後の向きを変える。

黒トリュフソース
⑦黒トリュフと生クリームを合わせて火にかけ、2/3量に煮つめる。

盛り付け&食べ方
⑧それぞれディスク状に抜いた黒トリュフ2枚でバターを挟み、焼き上がったスフレにのせる。熱い黒トリュフソースを小ポットに入れて添える。
⑨黒トリュフとバターのディスクをスフレの中に埋め、そこに熱い黒トリュフソースを流し、全体を混ぜる。生地、黒トリュフ、熱で溶けたバターが渾然一体となったおいしさを味わう。

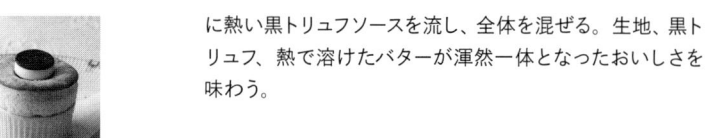

Point
▶ベースの生地は薄力粉ではなく強力粉を使い、一般的な配合よりも粉の量を少なめにする。グルテンが強いのでコシが出るうえ、量が少ないので重くならずに軽い仕上がりになる。
▶オーブン内に対流する空気の影響で生地が斜めに浮く可能性があるので、焼成中に一度、前後の向きを変えて、まっすぐに浮くようにする。

◎**スフレの味のバリエーション**
店ではいろいろな風味のスフレを供している。「黒トリュフのスフレ」のベースの生地に各種風味をつけ、泡などのソースを添えて軽さを出すことが多い。
・ロイヤルミルクティのスフレ、牛乳とコンデンスミルクの泡
・パッションフルーツのスフレ、ココナッツの泡のソース
・黒糖のスフレ、
　　エスプレッソと黒糖のクレーム・シャンティイ
・柚子のスフレ、柚子コショウのパウダー
・パイナップルのスフレ、
　　パイナップルのコンポートとパイナップルクリーム

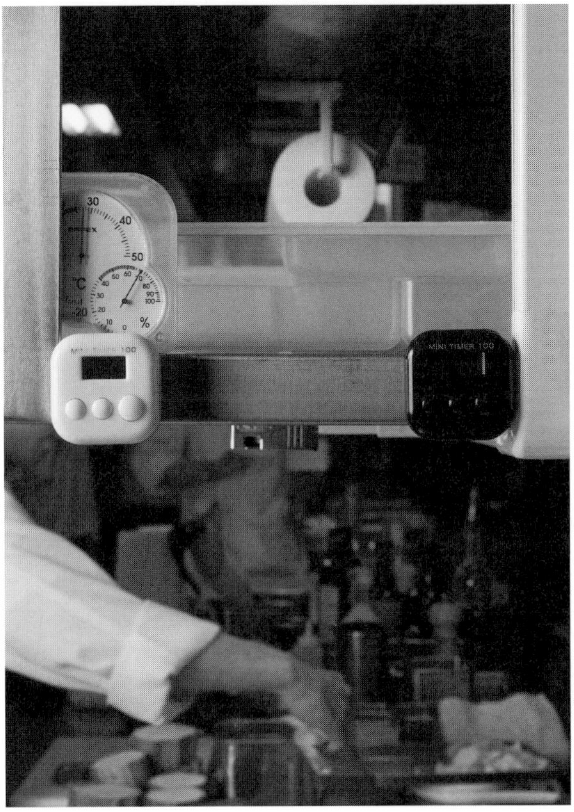
MINI TIMER 100

補足のレシピ
ブロード／ソース／自家製加工品／材料の下処理

鶏のブロード
材料［仕上がり量16〜18ℓ］
老鶏……2羽
ニンジン……2本
タマネギ……2個
ポロネギ（緑の葉）……2本分
水……20ℓ

①老鶏を4分割して水洗いし、脂と血を取り除く。鍋に入れ、ニンジン、タマネギ、ポロネギを丸ごと入れて水を注ぐ。
②火にかけて沸騰したら弱火にし、アクと脂を取り除きながら約6時間煮出してこす。

アサリのブロード
材料［仕上がり量約3.2ℓ］
アサリ（殻付き。小粒）……2kg
水……3.5ℓ
タイム……6枝

①殻付きのアサリをよく水洗いし、殻がつぶれていたり、においのよくないものがあれば取り除く。
②アサリに水を注いで火にかけ、沸騰したら弱火にし、アクを取り除きながら約25分間煮出す。タイムを入れて3分間煮出し、こす。

ハマグリのブロード
材料［仕上がり量約200g］
ハマグリ（殻付き）……500g
水……250cc
タイム……2枝

①殻付きのハマグリをよく水洗いし、殻がつぶれていたり、においのよくないものがあれば取り除く。
②ハマグリに水を注いで火にかけ、沸騰したら弱火にし、アクを取り除きながら約45分間煮出す。タイムを入れて3分間煮出し、こす。

アカザエビのブロード
材料［仕上がり量約450g］
アカザエビの殻……10尾分
水……900g
トマトソース（右記）……50g

①アカザエビの殻を180℃のオーブンで20分間ほど香ばしく焼き、乾燥させる。
②鍋に入れ、水、トマトソースを加えて沸かし、弱火で30〜40分間、半量弱に煮つめてこす。

マテ貝のブロード
材料［仕上がり量約300g］
マテ貝（殻付き）……1kg
水……300g

①殻付きのマテ貝をきれいに洗い、分量の水とともに鍋に入れて蓋をする。火にかけ、沸騰したら火を止める。
②殻をはずし、身から内臓を除く。内臓をゆで汁に戻し、弱火で45分間煮てペーパータオルでこす。身は料理の具として使う。

スーゴ・ディ・カルネ
材料［仕上がり量10ℓ］
仔牛の骨……6kg
仔牛のすじ肉……2kg
ニンニク（皮付き）……2房分
ニンジン……3本
タマネギ……5個
セロリ……3本
トマト……3個
ローリエ……2枚
粒コショウ（白、黒）……各10粒
水……30〜35ℓ
サラダ油……適量

①仔牛の骨とすじ肉を200℃のオーブンで1時間30分ほど焼く。
②ニンニクは横に2等分し、ニンジン、タマネギ、セロリは適宜の大きさに切り、サラダ油をひいたフライパンで中火にかけながら焼き色がつくまで焼く。
③①の骨、すじ肉と②の野菜を鍋に合わせ、水を注いで強火にかける。沸騰したら弱火にしてアクを取り、トマト、ローリエ、粒コショウを加える。アクと脂を取り除きながら12時間煮出してこす。

トマトソース
材料［仕上がり量約2.5kg］
ホールトマト……2.5kg
タマネギ（みじん切り）……90g
バジリコ（ドライ）……ふたつまみ
水……90g
E.V.オリーブ油……120g

①タマネギをE.V.オリーブ油で薄いきつね色になるまで炒める。
②ホールトマト、バジリコ、水を入れ、中火で15分間煮込む。トマトの皮や固い芯などがあれば取り除く。

サルサ・バニェットA
（オマールの温製インサラータ用）
材料［12人分］
ゆで卵（黄身のみじん切り）……5個分
イタリアンパセリ（みじん切り）
　　……16g
ケイパー（みじん切り）……5g
アンチョビ（みじん切り）……10g
E.V.オリーブ油……10g
シードルヴィネガー……10g
黒コショウ……1g

①材料すべてをボウルに入れ、なめらかになるまで混ぜ合わせる。

サルサ・バニェットB
（ホワイトアスパラガスのフリット用）
材料［12人分］
ゆで卵（黄身のみじん切り）……5個分
イタリアンパセリ（みじん切り）
　　……16g

ケイパー（みじん切り）……5g
アンチョビ（みじん切り）……10g
E.V.オリーブ油……50g
シードルヴィネガー……60g
黒コショウ……1g

①材料すべてをボウルに入れ、なめらかになるまで混ぜ合わせる。

ニンニク風味の澄ましバター
材料
バター……450g
ニンニク（皮付き。横に2等分）
　……1房分

①鍋にバターを溶かし、ニンニクを入れて弱火で1時間煮てニンニクの香りを移しながらバターの水分を飛ばす。
②ペーパータオルでこして不純物を除く。

ニンニクのコンフィ
材料
ニンニク（皮をむいたもの）……2房分
E.V.オリーブ油……600g

①ニンニクとE.V.オリーブ油を鍋に入れ、120～130℃の温度を保って1時間煮る。
②ニンニクを取り出してコンフィとして使用。油はニンニク風味のE.V.オリーブ油としていろいろな料理で利用する。

ソッフリット
材料［仕上がり量約2kg］
ニンジン（みじん切り）……1kg
タマネギ（みじん切り）……1.5kg
セロリ（みじん切り）……500g
サラダ油……1kg

①ニンジン、タマネギ、セロリをサラダ油で炒める。弱火にして、1時間以上かけて弱火でゆっくりと炒める。
②余分な油をきる。

キノコのデュクセル
材料［仕上がり量約80g］
キノコ*（みじん切り）……500g
バター……30g

*キノコはブラウンマッシュルーム、シイタケ、マイタケをほぼ同割で使う。

①キノコをバターでゆっくりと炒め、しみ出してきた水分が煮つまるまで火を入れる。

セミドライトマト
材料
プティトマト……適量
塩……適量
E.V.オリーブ油……適量

①プティトマトのヘタを取り、横に2等分する。バットと金網を重ねた上に切り口を上にして並べる。
②塩、E.V.オリーブ油をかけ、70～80℃のオーブンで8時間乾燥させる。

タケノコの下ゆで
材料
タケノコ（皮付き）……1kg
水……ひたひたの量
米ぬか……40g
赤唐辛子……2～3本

①タケノコは根元の固い部分を切り落として切り口に十字の切り目を入れ、先端は斜めに切り落とす。
②鍋にタケノコ、水、米ぬか、赤唐辛子を入れて火にかけ、沸騰したら弱火にして2時間30分～3時間ゆでる。ゆで上がったら、ゆで汁に浸けたまま冷ます。
③水洗いして皮をむき、タケノコの身を取り出す。柔らかい姫皮も料理に利用する。

フォワグラのテリーヌ
材料
フォワグラ（鴨）……1kg
コニャック……40g
マルサラ……20g
三温糖……5g
塩……10g
コショウ……1g

①フォワグラを掃除して血管などをきれいに取り除き、コニャック、マルサラ、三温糖、塩、コショウで6時間マリネする。
②オーブンペーパーを敷いたテリーヌ型に詰め、湯煎にして75℃のコンベクションオーブン（芯温は38～40℃）で50分間焼く。

馬のタテガミのラルド
材料
馬タテガミ（背脂）……800g～1kg
スパイス塩
　岩塩……1.6kg
　ローズマリーの葉……3枝分
　ローリエ……3枚
　白粒コショウ……45g
　黒粒コショウ……45g
　緑粒コショウ（ドライ）……20g
　コリアンダーシード……30g

①岩塩の分量のうち200～300gとローズマリーの葉、ローリエを混ぜ、ミキサーで細かく粉砕する。容器に入れ、残りの岩塩とスパイス（白、黒、緑の各粒コショウ、コリアンダーシード）を混ぜ合わせ、タテガミの塊を埋める。冷蔵庫に入れて2～3日間、漬け込む。
②タテガミを取り出して岩塩とスパイスを取り除き、桜の木のチップで20～30分間スモークして燻香をつける。

◎野菜のココット焼きいろいろ

野菜	切り方（例）	加熱時間と温度
赤茄子	皮をむいて幅4cmの筒切り	1. 180℃（下段）　10分間　蓋をして底面に焼き色がつくまで焼く。 2. 180℃（下段）　10分間　裏返しにして、蓋をして底面に焼き色がつくまで焼く。 3. 150〜160℃（中段）　10分間弱　再び返し、蓋を取って水分を飛ばしながら焼く。
安納いも	皮付きで1個丸ごと	1. 180℃（上段）　1時間　蓋をして柔らかくなるまで焼く。
カリフラワー	ココット鍋にピッタリと入る房	1. 180℃（上段）　20分間　蓋をして色づけないように焼く。 2. 180℃（上段）　20分間　蓋を取って、表面に焼き色がつくまで焼く。 3. 150〜160℃（中段）　20分間　蓋を取ったまま水分を飛ばしながら焼く。
キャベツ	根元をくりぬいて1枚ずつはがし、中心部の2〜3枚分を重ねる	1. 弱火の直火調理　5〜6分間　蓋をして蒸し焼きにする。 2. 弱火の直火調理　2〜3分間　裏返しにして、蓋をしたまま蒸し焼きにする。
聖護院かぶ	皮をむいて約1/6にカット	1. 180℃（下段）　10分間　蓋をして底面に焼き色がつくまで焼く。 2. 180℃（下段）　10分間　裏返しにして、蓋をして底面に焼き色がつくまで焼く。 3. 150〜160℃（中段）　10分間弱　再び返し、蓋を取って水分を飛ばしながら焼く。
新玉ねぎ	皮付きで1個丸ごと	1. 180〜200℃（上段）　1時間30分　蓋をしないで、皮が真っ黒になるまで焼く。
ズッキーニ	皮付きで幅4cmの筒切り	1. 180℃（下段）　10分間　蓋をして底面に焼き色がつくまで焼く。 2. 180℃（下段）　10分間　裏返しにして、蓋をして底面に焼き色がつくまで焼く。 3. 150〜160℃（中段）　15分間　再び返し、蓋を取って水分を飛ばしながら焼く。
セロリアック（根セロリ）	皮をむいて約1/8にカット	1. 180℃（下段）　15分間　蓋をして底面に焼き色がつくまで焼く。 2. 180℃（下段）　15分間　裏返しにして、蓋をして底面に焼き色がつくまで焼く。 3. 150〜160℃（中段）　15分間　再び返し、蓋を取って水分を飛ばしながら焼く。
たけのこ	皮付きで縦に2等分（1個150〜160gのもの）	1. 180℃（上段）　1時間　蓋をしないで、表面に焼き色がつくまで焼く。
ちぢみほうれん草	根元を付けた丸ごと。水気を少々つけたままで	1. 中火の直火調理　7〜8分間　蓋をして蒸し焼きにする。
とうもろこし	皮をむいて幅4cmの筒切り	1. 180℃（下段）　10分間　蓋をして底面に焼き色がつくまで焼く。 2. 180℃（下段）　10分間　裏返しにして、蓋をして底面に焼き色がつくまで焼く。 3. 150〜160℃（中段）　10分間　再び返し、蓋を取って水分を飛ばしながら焼く。
にんじん	皮をむいて幅約5cmの斜め切り	1. 180℃（上段）　45分間　蓋をしないで、全体に焼き色がつくまでこまめに返しながら焼く。
白菜	芯部の4つ割。長さ20cm分	1. 180℃（下段）　15分間　蓋をして底面に焼き色がつくまで焼く。 2. 180℃（下段）　15分間　裏返しにして、蓋をして切り口に焼き色がつくまで焼く。 3. 150℃（中段）　15分間　再び返し、蓋を取って水分を飛ばしながら焼く。
ビーツ	皮付きで1個丸ごと	1. 180℃（下段）　15分間　蓋をして底面に焼き色がつくまで焼く。 2. 180℃（下段）　15分間　裏返しにして、蓋をして底面に焼き色がつくまで焼く。 3. 150〜160℃（中段）　15分間　再び返し、蓋を取って水分を飛ばしながら焼く。
ヤーコン	皮をむいて幅5〜7cmの筒切り	1. 180℃（上段）　30分間　蓋をして時々転がしながら焼き色がつくまで焼く。 2. 150〜160℃（中段）　30分間　蓋を取って水分を飛ばしながら焼く。
れんこん	皮をむいて幅4cmの筒切り	1. 180℃（下段）　10分間　蓋をして底面に焼き色がつくまで焼く。 2. 180℃（下段）　10分間　裏返しにして、蓋をして底面に焼き色がつくまで焼く。 3. 150〜160℃（中段）　10分間　再び返し、蓋を取って水分を飛ばしながら焼く。

※表示した焼き時間は1個（1人分。安納イモは2人分）の調理を基準にした目安。野菜の個数や鍋の大きさが異なると、時間は若干違ってくる。店ではガスオーブン内での置き場所を変えることで温度管理をしている。

※温度の次のカッコ内は、ガスオーブン内の位置を示す。下段は下火のきいた位置、上段は上火のきいた位置、中段は低めの温度帯の位置。

◎シェフの仕入れ帳（本書で使用したもの）

野菜、果物
- ニンニク……青森県産。
- 黒オリーブ……リグーリア州産タジャスカ種の塩水漬け。
- ホールトマト……カンポグランデ社。
- ラディッキオ・ロッソ〈タルディーヴォ〉……正しくはラディッキオ・ロッソ・ディ・トレヴィーゾ〈タルディーヴォ〉。ヴェネト州トレヴィーゾ産の赤チコリで、タルディーヴォは晩生種の意味。細身の葉で、赤チコリのなかで最も高級品。
- ホワイトアスパラガス……フランス産。
- ヴァイオレットアスパラガス……長野県産。
- カルチョフィ……イタリア産。
- ポルチーニ……イタリア産。
- 白トリュフ、秋トリュフ、サマートリュフ……イタリア産。
- 黒トリュフ……フランス産。
- 桃……山梨県春日居産。
- 栗……茨城県産。
- イチジク……愛知県産。

魚介、魚介加工品
- オマール……カナダ産。
- アカザエビ……神奈川県佐島、または千葉県竹岡産。
- タコ……神奈川県佐島産。
- 紫ウニ……北海道余市産など。
- マダイ……神奈川県佐島産。
- アユの魚醤……アユを塩で漬けて発酵熟成させた調味液。合名会社まるはら製（大分県）。

肉、肉加工品
- 鴨肉……フランス・シャラン産。
- 鳩肉……フランス・ブレス産の窒息鳩。
- ウズラ肉……フランス・ドンブ産。
- 仔ウサギ……イタリア・ヴェネト州産。
- 馬肉……熊本県産。
- 仔ヤギ……北海道十勝産。
- 仔豚……フランス・バスク産のキントア豚。
- ラルド……イタリア・コロンナータ産。

パスタ、米
- カペッリーニ……コラビータ社。
- スパゲッティ……バリラ社　1.4mm。
- ジャスミンライス……タイ産。芳ばしい香りが特徴の長粒米の一種で、高級品種。

調味料、香辛料
- 赤唐辛子……南イタリア（カラブリア州など）産とタイ産。
- ホワイトバルサミコ酢……白ワインヴィネガーにブドウ果汁を混ぜ、糖分などを加えた甘酸っぱい調味料。銘柄名「バルセート」を使用。

備考
・ココット鍋に精製ラードをぬる。 ・赤ナスの全体に精製ラードをぬる。 ・仕上げに塩をふる。
・ココット鍋に精製ラードをぬる。 ・焼き上がったら身を取り出してバターと塩を混ぜる。 ・フロマージュ・ブランと生クリームのソースを添える。
・カリフラワーの上面にバターをぬる。 ・仕上げに塩をふる。 ・盛り付け時にといた卵黄（白トリュフ風味）を添える。
・ココット鍋に精製ラードをぬる。 ・仕上げに塩をふる。
・ココット鍋に精製ラードをぬる。 ・仕上げに塩をふる。
・皮に精製ラードをぬる。 ・仕上げに上部の皮を切り、塩、チーズ、バターをのせて上面を焼く。
・ココット鍋に精製ラードをぬる。 ・ズッキーニの切り口に精製ラードをぬる。 ・仕上げに塩をふる。
・ココット鍋に精製ラードをぬる。 ・仕上げに塩をふる。
・焼く前にタケノコに塩をふる。 ・仕上げにE.V.オリーブ油をかける。
・仕上げに塩をふり、E.V.オリーブ油をかける。
・ココット鍋に精製ラードをぬる。 ・トウモロコシの粒に精製ラードをぬる。 ・冷凍したフォワグラのテリーヌのすりおろしとコショウ、花椒を敷いた皿の上に盛り付け、塩をふる。
・ココット鍋にバターを少量入れる。 ・仕上げに塩をふる。
・ココット鍋に精製ラードをぬる。 ・切り口を上にしてココットに入れる。 ・仕上げに塩をふり、E.V.オリーブ油をかける。
・仕上げに塩をふり、E.V.オリーブ油をかける。
・ココット鍋に精製ラードをぬる。 ・仕上げに塩をふり、フロマージュ・ブランと生クリームのソースを添える。
・ココット鍋に精製ラードをぬる。 ・仕上げに塩をふり、E.V.オリーブ油をかける。またはスカモルツァ（チーズ）の薄切りをのせて2～3分間焼く。

◎主要素材別　料理索引

《ア》

アイナメ
　鮎魚女と地蛤、ホワイトアスパラガスのココット焼き　52, 132

アオサノリ
　とり貝の炙りとジロール、あおさ海苔のズッパ　34, 128
　石鯛のポワレ、花ズッキーニ添え　58, 135
　きんきの海藻ココット蒸し　66, 138

アカザエビ
　赤座海老のクルード　26, 125
　赤座海老のリゾピラフ　42, 130

アスパラガス（アスペルジュ・ソヴァージュ）
　あおりいかのカルパッチョ仕立て　20, 122

アスパラガス（ヴァイオレットアスパラガス）
　石鯛のポワレ、花ズッキーニ添え　58, 135

アスパラガス（ホワイトアスパラガス）
　ほたるいかとホワイトアスパラガスのグラタン仕立て　22, 123
　鮎魚女と地蛤、ホワイトアスパラガスのココット焼き　52, 132
　ホワイトアスパラガスのフリット、サルサ・バニェット添え　90, 148

アナゴ
　穴子の香草蒸し、フレッシュトマトの香り　18, 122

アマダイ
　甘鯛のうろこ焼き、香草風味　60, 135

アユ（成魚）
　四万十川産鮎の炭火焼き、アロマフレスカ風　24, 124

アユ（子持ち）
　子持ち鮎とだだ茶豆、水菜のリゾット　29, 126

アールグレイ（茶葉）
　白桃のコンポート、アールグレイとミントのジュレ　110, 152

アワビ
　鮑とポルチーニの冷たいスープ　35, 129

アンディーヴ
　シャラン鴨のロースト、ごぼう風味、アンディーヴ添え　88, 147

安納イモ
　安納いものココット焼き、フロマージュ・ブランとアニス風味　101

イカ（アオリイカ）
　あおりいかのカルパッチョ仕立て　20, 122

イカ（子持ちヤリイカ）
　子持ちやりいかの炭火焼き、菜園風　21, 123

イカ墨
　ほたるいかとホワイトアスパラガスのグラタン仕立て　22, 123

イシダイ
　石鯛のポワレ、花ズッキーニ添え　58, 135

イチゴ
　苺のスープ仕立てと綿あめ　117, 157

イチジク
　無花果のスパイスシロップ煮、ライチのジェラート添え　112, 153

猪肉（ロース）
　猪のロースト、ジロール、トランペット、
　　辛味大根と秋トリュフ　87, 146

ウズラ肉
　うずらの炙り焼き、黒トリュフと花椒風味　78, 142

ウニ
　赤茄子と海胆のカペッリーニ　108, 151

ウルイ
　平鱸のアル・サーレと早春の野菜　64, 137

エダ豆
　四万十川産鮎の炭火焼き、アロマフレスカ風　24, 124
　のどぐろと地蛤、枝豆と黒大根のココット焼き　55, 134
　子持ち鮎とだだ茶豆、水菜のリゾット　29, 126

オオタニワタリ
　シャラン鴨のロースト、ごぼう風味、アンディーヴ添え　88, 147

オコゼ
　おこぜのポワレ、夏ポルチーニ添え　62, 136

オマール
　オマールの温製インサラータ、
　　レモングラスとヘーゼルナッツ風味　28, 125

《カ》

カスベ
　かすべと黄にらのタリオリーニ、からすみ添え　44, 131

カダイフ
　しゃこと地蛸、黒大根のアグロドルチェ　40, 129
　真鱈白子のフライパン焼き、からすみとラディッキオ添え　68, 138

カツオ
　戻り鰹のカルパッチョ、フレッシュトマト風味　33, 128

カブ
　真鱈白子と帆立と地蛤、かぶのココット焼き　51, 132

鴨肉（ロース）
　シャラン鴨のロースト、ごぼう風味、アンディーヴ添え　88, 147

カラスミ
　かすべと黄にらのタリオリーニ、からすみ添え　44, 131
　真鱈白子のフライパン焼き、からすみとラディッキオ添え　68, 138

辛味ダイコン
　猪のロースト、ジロール、トランペット、辛味大根と秋トリュフ　87, 146

カリフラワー
　カリフラワーのココット焼き　100

カルチョフィ
　カルチョフィのスパゲッティ、ラルド添え　107, 151

カワハギ
　かわはぎのカルパッチョ仕立て　32, 127
黄ニラ
　かすべと黄にらのタリオリーニ、からすみ添え　44, 131
キャベツ
　めぬけと地蛤、2種のキャベツのココット焼き　53, 133
キャベツ（黒キャベツ）
　めぬけと地蛤、2種のキャベツのココット焼き　53, 133
　甘鯛のうろこ焼き、香草風味　60, 135
牛肉（テール）
　和牛しっぽとふきのとうのピーチ　75, 141
牛肉（サーロイン）
　和牛のビステッカ、アロマフレスカスタイル　70, 139
キュウリ（加賀太キュウリ）
　四万十川産鮎の炭火焼き、アロマフレスカ風　24, 124
キンキ
　きんきの海藻ココット蒸し　66, 138
ギンナン
　きんきの海藻ココット蒸し　66, 138
クエ
　くえの炭火焼き、石川いも添え、パッシート風味　63, 136
栗
　蝦夷鹿のロースト、冬のきのこ添え　86, 146
　栗のオーブン焼き、ココナッツのジェラート添え　111, 152
クレソン
　四万十川産鮎の炭火焼き、アロマフレスカ風　24, 124
黒トリュフ
　黒トリュフのスフレ　118, 158
黒トリュフ（秋トリュフ）
　仔山羊のスパイス塩ロースト、新ゆり根とフォンティーナ、
　　秋トリュフ風味　77, 142
　猪のロースト、ジロール、トランペット、
　　辛味大根と秋トリュフ　87, 146
黒トリュフ（サマートリュフ）
　窒息鳩の炙り焼き、花にらと夏トリュフ風味　82, 144
小イモ（石川イモ）
　くえの炭火焼き、石川いも添え、パッシート風味　63, 136
　きんきの海藻ココット蒸し　66, 138
仔ウサギ肉（ロース、前足、もも）
　仔うさぎと新ごぼう、ルーコラのタリアテッレ　74, 140
　仔うさぎの香草ロースト、狩猟風内臓ソース　84, 145
ココナッツ（ピュレ）
　栗のオーブン焼き、ココナッツのジェラート添え　111, 152
　フォンダン・ショコラと白トリュフのジェラート　116, 156

コゴミ
　平鱸のアル・サーレと早春の野菜　64, 137
コシアブラ
　平鱸のアル・サーレと早春の野菜　64, 137
コーヒー
　珈琲のクラッシュゼリーとバイマックルーのジェラート　115, 155
仔豚肉（ばら、もも、リブロース）
　バスク仔豚のヴァリエーション　80, 143
ゴボウ
　仔うさぎと新ごぼう、ルーコラのタリアテッレ　74, 140
　シャラン鴨のロースト、ごぼう風味、アンディーヴ添え　88, 147
コメ（あきたこまち）
　ほたるいかとホワイトアスパラガスのグラタン仕立て　22, 123
　子持ち鮎とだだ茶豆、水菜のリゾット　29, 126
コメ（ジャスミンライス）
　蛸のリゾピラフ　41, 130
　赤座海老のリゾピラフ　42, 130
仔ヤギ肉（ロース、すね）
　仔山羊のスパイス塩ロースト、新ゆり根とフォンティーナ、
　　秋トリュフ風味　77, 142

《サ》
鹿肉（もも）
　蝦夷鹿のロースト、冬のきのこ添え　86, 146
ジャガイモ
　うずらの炙り焼き、黒トリュフと花椒風味　78, 142
　リコッタのニョッキ　104, 150
シャコ
　しゃこと地蛸、黒大根のアグロドルチェ　40, 129
ジャスミン（茶葉）
　巨峰のジェラート、デラウェアとモスカートのジュレ　113, 154
上海ガニ
　上海蟹のスープとフォワグラのフラン　31, 127
白子（マダラ）
　真鱈白子と帆立と地蛤、かぶのココット焼き　51, 132
　真鱈白子のフライパン焼き、からすみとラディッキオ添え　68, 138
白トリュフ
　白トリュフ卵の目玉焼き　93, 149
　フォンダン・ショコラと白トリュフのジェラート　116, 156
ジロール
　とり貝の炙りとジロール、あおさ海苔のズッパ　34, 128
　猪のロースト、ジロール、トランペット、
　　辛味大根と秋トリュフ　87, 146

スダチ
　　かわはぎのカルパッチョ仕立て　32, 127
　　真鱈白子のフライパン焼き、からすみとラディッキオ添え　68, 138

ズッキーニ
　　ズッキーニのココット焼き　96

スナップエンドウ
　　四万十川産鮎の炭火焼き、アロマフレスカ風　24, 124

ソラ豆
　　空豆のスフレ風オムレツ　92, 148

《タ》
タイ（マダイ）
　　真鯛と地蛤、菜の花のココット焼き　50, 131

ダイコン（黒ダイコン）
　　しゃこと地蛸、黒大根のアグロドルチェ　40, 129
　　のどぐろと地蛤、枝豆と黒大根のココット焼き　55, 134

タケノコ
　　春の香りのスープ　91, 148
　　リコッタのニョッキ　104, 150
　　たけのこのスパゲッティ、アーリオ・オーリオ　106, 150

タコ
　　しゃこと地蛸、黒大根のアグロドルチェ　40, 129
　　蛸のリゾピラフ　41, 130

田ゼリ
　　平鱸のアル・サーレと早春の野菜　64, 137
　　田芹のスパゲッティ、アーリオ・オーリオ　106, 150

タチウオ
　　太刀魚と地蛤、きのこのココット焼き　54, 133

タデ
　　のどぐろの天火焼き、たで風味　56, 134

卵
　　空豆のスフレ風オムレツ　92, 148
　　白トリュフ卵の目玉焼き　93, 149

タマネギ
　　仔山羊のスパイス塩ロースト、新ゆり根とフォンティーナ、
　　　秋トリュフ風味　77, 142
　　仔うさぎの香草ロースト、狩猟風内臓ソース　84, 145
　　新玉ねぎのココット焼き　99

タラバガニ
　　焼きタラバ蟹のサラダ仕立て、アロマフレスカ風　30, 126

チョコレート
　　フォンダン・ショコラと白トリュフのジェラート　116, 156

ツクシ
　　平鱸のアル・サーレと早春の野菜　64, 137

トウモロコシ
　　とうもろこしのココット焼き、フォワグラと花椒風味　98

トマト（フルーツトマト）
　　穴子の香草蒸し、フレッシュトマトの香り　18, 122
　　戻り鰹のカルパッチョ、フレッシュトマト風味　33, 128

トランペット
　　猪のロースト、ジロール、トランペット、辛味大根と秋トリュフ　87, 146

トリ貝
　　とり貝の炙りとジロール、あおさ海苔のズッパ　34, 128

鶏レバー
　　仔うさぎの香草ロースト、狩猟風内臓ソース　84, 145

《ナ》
ナス（赤ナス）
　　赤茄子のココット焼き　97
　　赤茄子と海胆のカペッリーニ　108, 151

菜の花
　　真鯛と地蛤、菜の花のココット焼き　50, 131

ネギ（白ネギ）
　　うずらの炙り焼き、黒トリュフと花椒風味　78, 142

ノドグロ
　　のどぐろと地蛤、枝豆と黒大根のココット焼き　55, 134
　　のどぐろの天火焼き、たで風味　56, 134

ノビル
　　平鱸のアル・サーレと早春の野菜　64, 137

《ハ》
バイマックルー（コブミカンの葉）
　　珈琲のクラッシュゼリーとバイマックルーのジェラート　115, 155

ハクサイ
　　白菜のココット焼き　96

鳩（窒息鳩）
　　窒息鳩の炙り焼き、花にらと夏トリュフ風味　82, 144

花ズッキーニ
　　石鯛のポワレ、花ズッキーニ添え　58, 135

花ニラ
　　窒息鳩の炙り焼き、花にらと夏トリュフ風味　82, 144

馬肉
　　桜肉のカルパッチョ仕立て、ブンタレッラ添え　76, 141

ハマグリ
　　真鯛と地蛤、菜の花のココット焼き　50, 131
　　真鱈白子と帆立と地蛤、かぶのココット焼き　51, 132
　　鮎魚女と地蛤、ホワイトアスパラガスのココット焼き　52, 132
　　めぬけと地蛤、2種のキャベツのココット焼き　53, 133
　　太刀魚と地蛤、きのこのココット焼き　54, 133
　　のどぐろと地蛤、枝豆と黒大根のココット焼き　55, 134

ピエ・ブルー
　　蝦夷鹿のロースト、冬のきのこ添え　86, 146

ヒラスズキ
　　平鱸のアル・サーレと早春の野菜　64, 137

フォワグラ
　上海蟹のスープとフォワグラのフラン　31, 127
　仔うさぎの香草ロースト、狩猟風内臓ソース　84, 145
　とうもろこしのココット焼き、フォワグラと花椒風味　98

フォンティーナ
　仔山羊のスパイス塩ロースト、新ゆり根とフォンティーナ、
　　秋トリュフ風味　77, 142
　新玉ねぎのココット焼き　99

フキノトウ
　和牛しっぽとふきのとうのピーチ　75, 141

ブドウ（巨峰）
　巨峰のジェラート、デラウェアとモスカートのジュレ　113, 154

ブドウ（デラウェア）
　巨峰のジェラート、デラウェアとモスカートのジュレ　113, 154

フリアリエッリ
　真鯛と地蛤、菜の花のココット焼き　50, 131

ブルーベリー
　無花果のスパイスシロップ煮、ライチのジェラート添え　112, 153

ブルーロット
　蝦夷鹿のロースト、冬のきのこ添え　86, 146

フロマージュ・ブラン
　安納いものココット焼き、フロマージュ・ブランとアニス風味　101

プンタレッラ
　桜肉のカルパッチョ仕立て、プンタレッラ添え　76, 141

ホタテガイ（ホタテ貝柱）
　真鯛と地蛤、菜の花のココット焼き　50, 131
　真鱈白子と帆立と地蛤、かぶのココット焼き　51, 132

ホタルイカ
　ほたるいかとホワイトアスパラガスのグラタン仕立て　22, 123

ポルチーニ
　鮑とポルチーニの冷たいスープ　35, 129
　おこぜのポワレ、夏ポルチーニ添え　62, 136
　ほろほろ鳥のラグーとポルチーニのガルガネッリ　73, 139
　フレッシュポルチーニの炭火焼き　102, 149

ポロネギ
　かすべと黄にらのタリオリーニ、からすみ添え　44, 131

ホロホロ鳥（もも）
　ほろほろ鳥のラグーとポルチーニのガルガネッリ　73, 139

《マ》
マイタケ
　太刀魚と地蛤、きのこのココット焼き　54, 133
　蝦夷鹿のロースト、冬のきのこ添え　86, 146

マコモダケ
　のどぐろと地蛤、枝豆と黒大根のココット焼き　55, 134

マッシュルーム
　とり貝の炙りとジロール、あおさ海苔のズッパ　34, 128

マツタケ
　松茸のスパゲッティ、アーリオ・オーリオ　107, 151

マテ貝
　きんきの海藻ココット蒸し　66, 138

ミズナ
　子持ち鮎とだだ茶豆、水菜のリゾット　29, 126

ミント（ペパーミント）
　白桃のコンポート、アールグレイとミントのジュレ　110, 152

芽カブ
　平鱸のアル・サーレと早春の野菜　64, 137

芽カンゾウ
　平鱸のアル・サーレと早春の野菜　64, 137

メヌケ
　めぬけと地蛤、2種のキャベツのココット焼き　53, 133

モスカート・ダスティ
　巨峰のジェラート、デラウェアとモスカートのジュレ　113, 154

モモ
　白桃のコンポート、アールグレイとミントのジュレ　110, 152

モロヘイヤ
　のどぐろの天火焼き、たで風味　56, 134

《ヤ》
ユリ根
　甘鯛のうろこ焼き、香草風味　60, 135
　仔山羊のスパイス塩ロースト、新ゆり根とフォンティーナ、
　　秋トリュフ風味　77, 142
　仔うさぎの香草ロースト、狩猟風内臓ソース　84, 145

《ラ》
ライチ（ピュレ）
　無花果のスパイスシロップ煮、ライチのジェラート添え　112, 153

ラディッキオ・ロッソ
　真鱈白子のフライパン焼き、からすみとラディッキオ添え　68, 138

リコッタ
　リコッタのニョッキ　104, 150

リンゴ（紅玉）
　林檎のミルフィーユ仕立て　114, 154

ルーコラ
　四万十川産鮎の炭火焼き、アロマフレスカ風　24, 124
　仔うさぎと新ごぼう、ルーコラのタリアテッレ　74, 140

ルーコラ（ルーコラ・セルヴァーティカ）
　和牛のビステッカ、アロマフレスカスタイル　70, 139

レンコン
　太刀魚と地蛤、きのこのココット焼き　54, 133

《ワ》
ワカメ
　きんきの海藻ココット蒸し　66, 138

原田慎次 [はらだ・しんじ]

1969年、栃木県生まれ。東京・六本木の「ヂーノ」（現在は閉店）で修業を重ね、「ジリオーラ」（南青山）のシェフを経て'98年、広尾に「リストランテ アロマフレスカ」をオープン。素材の味わいを追求したモダンで爽やかなイタリア料理と、当時は希少であったイタリア全土を網羅する豊富なワインが人気を博す。'03年に一時閉店後、'05年にワインショップを併設したカジュアルレストラン「カーザ・ヴィニタリア」を南麻布に開店し、一角に「アロマフレスカ」をおく。'10年、「アロマフレスカ」（20席）部門を銀座に移転、同じフロアに前菜の小皿料理をテーマとする「サーラ アマービレ」（40席）を併設する。グループ店に名古屋の「アロマフレスカ」ほか、都内に「カーザ・ヴィニタリア」（南麻布）、炭火焼きがコンセプトの「アロマ・クラシコ」（品川）、パスタ・軽食が中心の「エッセンツァ」（丸の内）、「カッフェ・アロマティカ」（中野）、「カッフェ・クラシカ」（品川）などがある。

リストランテ アロマフレスカ
サーラ アマービレ
東京都中央区銀座2-6-5　GINZA TRECIOUS 12F
電話・03-3535-6667（アロマフレスカ）　03-3535-6669（サーラ アマービレ）
URL　http://www.aromafresca-afsa.com

イタリアンを越えた発想とテクニック
アロマフレスカのイタリア料理

初版印刷　2013年8月30日
初版発行　2013年9月15日

著者©　原田慎次（はらだ・しんじ）

発行者　土肥大介
発行所　株式会社　柴田書店
　　　　113-8477
　　　　東京都文京区湯島3-26-9
　　　　イヤサカビル
　　　　電話／営業部　03-5816-8282（注文・問合せ）
　　　　　　　　書籍編集部　03-5816-8260
　　　　http://www.shibatashoten.co.jp

印刷・製本　凸版印刷株式会社

本書収録内容の無断掲載・複写（コピー）・データ配信等の行為は固く禁じます。
乱丁・落丁本はお取替えいたします。

ISBN　978-4-388-06174-7
Printed in Japan